Luz
Acima

FRANCISCO CÂNDIDO XAVIER

Luz Acima

Pelo Espírito
Irmão X

Copyright © 1948 *by*
FEDERAÇÃO ESPÍRITA BRASILEIRA – FEB

11ª edição – Impressão pequenas tiragens – 1/2025

ISBN 978-85-7328-603-8

Todos os direitos reservados. Nenhuma parte desta publicação pode ser reproduzida, armazenada ou transmitida, total ou parcialmente, por quaisquer métodos ou processos, sem autorização do detentor do *copyright*.

FEDERAÇÃO ESPÍRITA BRASILEIRA – FEB
SGAN 603 – Conjunto F – Avenida L2 Norte
70830-106 – Brasília (DF) – Brasil
www.febeditora.com.br
editorial@febnet.org.br
+55 61 2101 6161

Pedidos de livros à FEB
Comercial
Tel.: (61) 2101 6161 – comercial@febnet.org.br

Adquirindo esta obra, você está colaborando com as ações de assistência e promoção social da FEB e com o Movimento Espírita na divulgação do Evangelho de Jesus à luz do Espiritismo.

Dados Internacionais de Catalogação na Publicação (CIP)
(Federação Espírita Brasileira – Biblioteca de Obras Raras)

I691 Irmão X (Espírito)

Luz acima / pelo Espírito Irmão X; [psicografado por] Francisco Cândido Xavier. – 11. ed. – Impressão pequenas tiragens – Brasília: FEB, 2025.

228 p.; 21 cm – (Coleção Humberto de Campos/Irmão X)

Inclui índice geral

ISBN 978-85-7328-603-8

1. Espiritismo. 2. Obras psicografadas. I. Xavier, Francisco Cândido, 1910–2002. II. Federação Espírita Brasileira. III. Título. IV. Coleção.

CDD 133.93
CDU 133.7
CDE 80.01.00

Sumário

Luz acima 7
1 – Ante o grande Renovador 9
2 – Mãos enferrujadas 13
3 – Pequena história do discípulo 19
4 – Nos limites do Céu 25
5 – A missão 29
6 – O anjo servidor 33
7 – No Reino da Terra 37
8 – Roteiro 41
9 – Apontamentos do ancião 45
10 – Um homem do mundo 49
11 – Esclarecimento 53
12 – O anjo consertador 57
13 – Como tratar médiuns 61
14 – A orientação cristã 65
15 – O candidato apressado 69
16 – A perda irreparável 73
17 – Remédio contra tentações 77
18 – O devoto incompreensível 81
19 – O oráculo diferente 85
20 – Em resposta 89
21 – Tentando explicar 93
22 – Alegação justa 97

23 – Carta despretensiosa 101
24 – Na esfera dos bichos 105
25 – Espíritos doentes 109
26 – A proteção de Santo Antônio 113
27 – Tudo relativo 117
28 – O homem e o boi 121
29 – O Espírito que faltava 125
30 – Velho apólogo 129
31 – Os maiores inimigos 133
32 – Numa cidade celeste 137
33 – Lembrando a parábola 141
34 – Na subida cristã 145
35 – Inesperada observação 149
36 – Nas hesitações de Pedro 153
37 – Candidato impedido 157
38 – Entre o bem e o mal 161
39 – A indagação do inspetor 165
40 – Rogativa reajustada 169
41 – Na interpretação rigorista 173
42 – Até Moisés 177
43 – Com lealdade fraterna 181
44 – Do aprendizado de Judas 185
45 – A escritura do Evangelho 189
46 – A revolução cristã 193
47 – Recordando o filósofo 197
48 – A atitude do guia 201
49 – Homens-prodígio 205
50 – Bilhete a Jesus 209
Índice geral 213

Luz acima

Movimentam-se os gêneros da sombra, no fundo vale humano...

São os milenários polvos da guerra e do arrasamento a se reerguerem da cinza dos séculos, ameaçando a civilização.

Invadem países e dominam povos, devoram lares e templos, escarnecem dos ideais superiores que alimentam a Humanidade e separam irmãos com o gládio da morte.

Todavia, dos círculos escuros em que persevera a gritaria do mal, emerge a voz do Pastor divino:

"Eu, porém, vos digo:

Sede misericordiosos.

Amai os vossos inimigos.

Bendizei os que vos maldizem.

Auxiliai os que vos odeiam.

Orai pelos que vos perseguem e caluniam.

Abençoai vossa cruz.

Ao que vos obriga a seguir mil passos, marchai com ele dois mil.

Ao que pretenda contender convosco, por roubar-vos a túnica, dai-lhe também a capa.

Perseverai no bem até o fim.
Tende bom ânimo!"

Nos conflitos ideológicos da atualidade, as forças perturbadoras do ódio e da separatividade conclamam, enfurecidas, em todas as direções:

— Regressemos à barbárie! Desçamos às trevas!...

Mas, atentos à celeste plataforma, os verdadeiros cristãos de todas as escolas e de todos os climas, de almas unidas em torno do Mestre, repetem, contemplando os clarões do mundo futuro:

Luz acima! Luz acima!...

Irmão X
Pedro Leopoldo (MG), 14 de dezembro de 1947.

~ 1 ~
Ante o grande Renovador

Senhor, lembrando a tua crucificação entre malfeitores, sacrificado em teu ministério de amor universal, ouvimos apelos de vários setores religiosos do mundo presente, invocando-te o nome para incentivar os movimentos tumultuários da renovação política que convulsiona o planeta...

Asseguram-te a posição de maior revolucionário de todos os tempos. Afirmam que abalaste os fundamentos sociais da ordem humana, que alteraste o curso da civilização, que transformaste os povos da Terra.

Quem te negará, Senhor, a condição de Embaixador celeste? Quem desconhecerá teu apostolado de redenção?

Entretanto, divulgando a mensagem da Boa Nova, jamais insultaste o governo estabelecido...

Amigo de todos os sofredores e necessitados, nunca congregaste os infelizes em sinistras aventuras de ódio ou indisciplina. Aproximavas-te dos desamparados, curando-lhes as enfermidades, ensinando-lhes o caminho do bem, estendendo-lhes mãos benfeitoras e diligentes. Dirigindo-te à massa anônima e desditosa, em nome do eterno Pai, não preconizaste movimentos armados de desrespeito às autoridades legalmente constituídas. Ao invés do incitamento à revolta, recomendavas que a Lei de Moisés fosse respeitada, que os sacerdotes dignos fossem honrados, asseverando que o Reino de Deus não surgiria com aparências exteriores e, sim, com a elevação espiritual do homem de qualquer raça ou nacionalidade, sinceramente interessado em aproveitar os dons divinos.

Expondo princípios superiores ao coração popular, não disputaste lugar saliente, junto ao romano dominador, a pretexto de patrocinar a liberdade e, sim, aconselhaste acatamento a César com a obrigação de resgatar-se o tributo que se lhe devia.

Erguendo novas colunas no templo da fé viva, conclamando mãos limpas e corações puros ao serviço do Céu, não desprezaste a legião dos pecadores e criminosos, que se abeiravam de ti, sedentos de transformação para a tarefa bendita... Não falaste a eles de uma tribuna dourada, acentuando fronteiras de separação. Comungaste com todos no caminho da vida, a pleno chão, abraçando leprosos e delinquentes, avarentos e rixosos, homens e mulheres desventurados. Não impunhas, no entanto, qualquer compromisso que envolvesse a administração dos interesses públicos, nem traçavas, com astutas palavras, qualquer insinuação ao desespero. Pedias tão somente renovassem o coração para que a luz do Reino lhes penetrasse as profundidades do ser.

Sustentando o sublime ideal de obediência a Deus, nunca ordenaste morte ou punição aos companheiros menos corajosos. Suportaste as fragilidades dos discípulos mais queridos, confiando no futuro, certo de que, se podiam faltar a ti, nos instantes mais duros, não falhariam para com o Pai, nas grandes horas, desde que não te desanimasses na semeadura da fraternidade e proteção, pelo esforço da palavra e do exemplo no círculo educativo.

Luz acima

Se confiavas num mundo vasto, onde reinaria a solidariedade nas relações humanas, jamais tentaste apressar diretrizes absolutas pelo império da força. Começaste sempre a propaganda dos propósitos divinos em ti mesmo, revelando o próprio coração, cultivando o trabalho e a esperança, com suprema fidelidade ao Poder Mais Alto que marcou estação adequada à semente e à germinação, à flor e ao fruto. Em momento algum mobilizaste a violência, alegando necessidades do serviço superior e, em todo o teu apostolado, jamais desdenhaste o menor ensejo de amparar o próximo, edificando-o.

Para isso, abraçaste os velhos e os doentes, os deserdados e os tristes, os aleijados e as criancinhas...

Nunca disseste, Senhor, que os discípulos deveriam dominar em Roma para serem úteis na Judeia, nem prometeste primeiros lugares, nas Estradas da Glória, aos companheiros diletos, ainda mesmo em se tratando de João e Tiago, que te foram carinhosos amigos. Mas garantiste a vitória sublime a todos os homens que se fizessem devotados servos dos semelhantes por amor ao Pai celestial.

Invariavelmente, solicitaste socorro e proteção, desculpas e auxílios para os que te perseguiam, gratuitamente, irônicos e ingratos...

Tua ordem era de amor e paz para que todo Espírito se converta ao infinito bem...

Hoje, contudo, improvisam-se guerras sanguinolentas e sobram discórdias em teu nome. Há companheiros que disputam situações de relevo, a fim de servirem à tua causa, como se o sacrifício pessoal não constituísse a tua senha na obra redentora. Outros te recordam os ensinos para justificar a inconformação e a desordem.

Sim, foste, em verdade, o grande Renovador.

Transformaste os séculos e as nações, trabalhando e perdoando, ajudando e servindo, esperando e amando sempre!...

Um dia, na praça pública, quando ficaste a sós com humilde e infortunada irmã, que se vira fustigada pelo populacho ignorante, perguntaste-lhe emocionadamente:

— Mulher, onde estão os perseguidores que te acusam?

Hoje, Mestre, lamentando embora o tempo que também perdi na Terra, iludido e envenenado quanto os outros homens, lembrando-te ainda na cruz afrontosa, sozinho em tua exemplificação de amor e renúncia, abnegação e martírio, ouso interrogar-te, com as lágrimas de meu profundo arrependimento:

— Senhor, onde estão os renovadores que te acompanham?

~ 2 ~
Mãos enferrujadas

Quando Joaquim Sucupira abandonou o corpo, depois dos sessenta anos, deixou nos conhecidos a impressão de que subiria incontinente ao Céu. Vivera arredado do mundo, no conforto precioso que herdara dos pais. Falava pouco, andava menos, agia nunca.

Era visto invariavelmente em trajes impecáveis. A gravata ostentava sempre uma pérola de alto preço, pequena orquídea assinalava a lapela, e o lenço, admiravelmente dobrado, caía, irrepreensível, do bolso mirim. O rosto denunciava-lhe o apurado culto às maneiras distintas. Buscava, no barbeiro cuidadoso, cada manhã, renovada expressão juvenil. Os cabelos bem-postos, embora escassos, cobriam-lhe o crânio com o esmero possível.

Dizia-se cristão e, realmente, se vivia isolado, não fazia mal sequer a uma formiga. Assegurava, porém, o pavor que o possuía, ante os religiosos de todos os matizes. Detestava os padres católicos, criticava as organizações protestantes e categorizava os espiritistas no rol dos loucos. Aceitava Jesus a seu modo, não segundo o próprio Jesus.

As facilidades econômicas transitórias adiavam-lhe as lições benfeitoras do concurso fraterno, no campo da vida. Estudava, estudava, estudava... E cada vez mais se convencia de que as melhores diretrizes eram as dele mesmo. Afastamento individual para evitar complicações e desgostos. Admitia, sem rebuços, que assim efetuaria preparação adequada para a existência depois do sepulcro. Em vista disso, a desencarnação de homem tão cauteloso em preservar-se, passaria por viagem sem escalas com destino à corte celeste.

Dava aos familiares dinheiro suficiente para aventuras e fantasias, a fim de não ser incomodado por eles; distribuía esmolas vultosas, para que os problemas de caridade não lhe visitassem o lar; afastava-se do mundo para não pecar. Não seria Joaquim — perguntavam amigos íntimos — o tipo do religioso perfeito? Distante de todas as complicações da experiência humana, pela força da fortuna sólida que herdara dos parentes, seria impossível que não conquistasse o paraíso.

Contudo, a realidade que o defrontava agora não correspondia à expectativa geral.

Sucupira, desencarnado, ingressara numa esfera de ação dentro da qual parecia não ser percebido pelos grandes servidores celestiais. Via-os em movimentação brilhante, nos campos e nas cidades. Segredavam ordens divinas aos ouvidos de todas as pessoas em serviço digno. Chegara a ver um anjo singularmente abraçado à velha cozinheira analfabeta.

Em se aproximando, todavia, dos mensageiros do Céu, não era por eles atendido.

Conseguia andar, ver, ouvir, pensar. No entanto — desventurado Joaquim! — as mãos e os braços mantinham-se inertes. Semelhavam-se a antenas de mármore, irremediavelmente ligadas ao corpo espiritual. Se intentava matar a sede ou a fome, obrigava-se a cair de bruços, porque não dispunha de mãos amigas que o ajudassem.

Luz acima

Muito tempo suportara semelhante infortúnio, multiplicando apelos e lágrimas, quando foi conduzido por entidade caridosa a pequeno tribunal de socorro, que funcionava de tempos a tempos, nas regiões inferiores onde vivia compungido.

O benfeitor que desempenhava ali funções de juiz, reunida a assembleia de Espíritos penitentes, declarou não contar com muito tempo, em face das obrigações que o prendiam nos círculos mais altos e que viera até ali somente para liquidar os casos mais dolorosos e urgentes.

Devotados companheiros do bem selecionaram a meia dúzia de sofredores que poderiam ser ouvidos, dentre os quais, por último, figurou Sucupira, a exibir os braços petrificados.

Chorou, rogou, lamuriou-se. Quando pareceu disposto a fazer o relatório geral e circunstanciado da existência finda, o julgador obtemperou:

— Não, meu amigo, não trate de sua biografia. O tempo é curto. Vamos ao que interessa.

Examinou-o detidamente e observou, passados alguns instantes:

— Sua maravilhosa acuidade mental demonstra que estudou muitíssimo.

Fez pequeno intervalo e entrou a arguir:

— Joaquim, você era casado?

— Sim.

— Zelava a residência?

— Minha mulher cuidava de tudo.

— Foi pai?

— Sim.

— Cuidava dos filhos em pequeninos?

— Tínhamos suficiente número de criadas e amas.

— E quando jovens?

— Eram naturalmente entregues aos professores.

— Exerceu alguma profissão útil?

— Não tinha necessidade de trabalhar para ganhar o pão.
— Nunca sofreu dor de cabeça pelos amigos?
— Sempre fugi, receoso, das amizades. Não queria prejudicar, nem ser prejudicado.
O julgador interrompeu-se, refletiu longamente e prosseguiu:
— Você adotou alguma religião?
— Sim, eu era cristão — esclareceu Sucupira.
— Ajudava os católicos?
— Não. Detestava os sacerdotes.
— Cooperava com as igrejas reformadas?
— De modo algum. São excessivamente intolerantes.
— Acompanhava os espiritistas?
— Não. Temia-lhes a presença.
— Amparou doentes, em nome do Cristo?
— A Terra tem numerosos enfermeiros.
— Auxiliou criancinhas abandonadas?
— Há creches por toda parte.
— Escreveu alguma página consoladora?
— Para quê? O mundo está cheio de livros e escritores.
— Utilizava o martelo ou o pincel?
— Absolutamente.
— Socorreu animais desprotegidos?
— Não.
— Agradava-lhe cultivar a terra?
— Nunca.
— Plantou árvores benfeitoras?
— Também não.
— Dedicou-se ao serviço de condução das águas, protegendo paisagens empobrecidas?
Sucupira fez um gesto de desdém e informou:
— Jamais pensei nisto.
O instrutor indagou-lhe sobre todas as atividades dignas conhecidas no planeta. Ao fim do interrogatório, opinou sem delongas:

— Seu caso explica-se: você tem as mãos enferrujadas.
Ante a careta do interlocutor amargurado, esclareceu:
— É o talento não usado, meu amigo. Seu remédio é regressar à lição. Repita o curso terrestre.
Joaquim, confundido, desejava mais amplas elucidações.
O juiz, porém, sem tempo de ouvi-lo, entregou-o aos cuidados de outro companheiro.
Rogério, carioca desencarnado, tipo 1945, recebeu-o de semblante amável e feliz e, após escutar-lhe compridas lamentações, convidou pacientemente:
— Vamos, Sucupira. Você entrará na fila em breves dias.
— Fila? — interrogou o infeliz, boquiaberto.
— Sim — acrescentou o alegre ajudante —, na fila da reencarnação.
E, puxando o paralítico pelos ombros, concluía, sorrindo:
— O que você precisa, Joaquim, é de movimento...

~ 3 ~
Pequena história do discípulo

Quando o Mestre visitou o aprendiz pela primeira vez, encontrou-o mergulhado na leitura das informações divinas.
Viu-o absorto na procura de sabedoria e falou:
— Abençoado seja o filho do conhecimento superior!
E passou à frente, entregando-o ao cuidado de seus prepostos.
Voltando, mais tarde, a revê-lo, surpreendeu-o inflamado de entusiasmo pelo maravilhoso. Sentia-se dominado pelas claridades da revelação, propondo-se estendê-las por todos os recantos da Terra. Queria ganhar o mundo para o Senhor supremo. Multiplicava promessas de sacrifício pessoal e interpretava teoricamente a salvação por absoluto serviço da esperança contemplativa.
O Companheiro eterno afagou-lhe a fronte sonhadora e disse:
— Louvado seja o apóstolo do ideal!
E seguiu adiante, confiando-o a dedicados mensageiros.

Regressou, em outra ocasião, a observá-lo e registrou-lhe nova mudança. Guiava-se o aprendiz pelos propósitos combativos. Por meio do conhecimento e do ideal que adquirira, presumia-se na posse da realidade universal e movia guerra sem sangue a todos os semelhantes que lhe não pisassem o degrau evolutivo. Gravava dísticos incendiários, a fim de purificar os círculos da crença religiosa. Acusava, julgava e punia sem comiseração. Alimentava a estranha volúpia de enfileirar adversários novos. Pretendia destruir e renovar tudo. Nesse mister, desconhecia o respeito ao próximo, fazia tábua rasa das mais comezinhas regras de educação, assumindo graves responsabilidades para o futuro.

O Compassivo, todavia, reconhecendo-lhe a sinceridade cristalina, acariciou-lhe as mãos inquietas e enunciou:

— Amparado seja o defensor da verdade!

E dirigiu-se a outras paragens, entregando-o à proteção de missionários fiéis.

Tornando ao círculo do seguidor, em época diferente, reparou-lhe a posição diversa. Dera-se o discípulo à sistemática pregação dos princípios edificantes que adotara, condicionando-os aos seus pontos de vista. Escrevia páginas veementes e fazia discursos comovedores. Projetava nos ouvintes a vibração de sua fé. Era condutor das massas, herói do verbo primoroso, falado e escrito.

O Instrutor sublime abraçou-o e declarou:

— Iluminado seja o ministro da palavra celestial!

E ganhou rumos outros, colocando-o sob a inspiração de valorosos emissários.

Escoados longos anos, retornou o Magnânimo e anotou-lhe a transformação. O aprendiz exibia feridas na alma. A conquista do mundo não era tão fácil, refletia ele com amargura. Embora sincero, fora defrontado pela falsidade alheia. Desejoso de praticar o bem, era incessantemente visado pelo mal. Via-se rodeado de espinhos. Suportava calúnias e sarcasmo. Alvejado pelo ridículo entre os que mais amava, trazia o espírito crivado de dúvidas e receios perniciosos. Era incompreendido nas melhores intenções. Se dava pão, recebia pedradas. Se acendia luz, provocava perseguições das trevas. Lia os livros santos, à maneira do faminto que procura alimento; sustentava seus ideais com dificuldades sem conta; ensinava o caminho superior, de coração dilacerado e pés sangrando...

O Sábio dos sábios enxugou-lhe o suor copioso e falou:
— Amado seja o peregrino da experiência!

E seguiu, estrada afora, confiando-o a carinhosos benfeitores.

Retornando, tempos depois, o Salvador assinalou-lhe a situação surpreendente. Chorando para dentro, reconhecia o discípulo que muito mais difícil que a conquista do mundo era o domínio de si mesmo. Em minutos culminantes do aprendizado, entregara-se também a forças inferiores. Embora de pé, sabia, de conhecimento pessoal, quão amargo sabor impunha o lodo à boca. Cedera, bastas vezes, às sugestões menos dignas que combatia. Aprendera que, se era fácil ensinar o bem aos outros, era sempre difícil e doloroso edificá-lo no próprio íntimo. Ele, que condenara a vaidade e o egoísmo, a volúpia e o orgulho, verificava que não havia desalojado tais monstros de sua alma. Renunciava ao combate com o exterior, a fim de lutar consigo muito mais. Vivia sob a pressão de tempestade renovadora. Ciente das fraquezas e imperfeições de si mesmo, confiava, acima de tudo, no Altíssimo, a cuja bondade infinita submetia os torturantes problemas individuais, por meio da prece e da vigilância entre lágrimas.

O divino Amigo secou-lhe o pranto e exclamou:
— Bendito seja o irmão da dor que santifica!

E seguiu para diante, recomendando-o aos colaboradores celestiais.

Anos decorridos, regressou o Misericordioso e admirou-lhe a situação diversa. O discípulo renovara-se completamente. Preferia calar para que outros se fizessem ouvir. Analisava as dificuldades alheias pelos tropeços com que fora defrontado na senda. A compreensão em sua alma era doce e espontânea, sem qualquer tendência à superioridade que humilha. Via irmãos em toda parte e estava disposto a auxiliá-los e socorrê-los, sem preocupação de recompensa. Aos seus olhos, os filhos de outros lares deviam ser tão amados quanto os filhos do teto em que nascera. Entendia os dramas dolorosos dos vizinhos, honrava os velhos e estendia mãos protetoras às crianças e aos jovens. Lia os escritos sagrados, mas enxergava também a eterna Sabedoria na abelha operosa, na nuvem distante, no murmúrio do vento. Regozijava-se com a alegria e o bem-estar dos amigos, tanto quanto lhes partilhava os infortúnios. Inveja e ciúme, despeito e cólera, não lhe perturbavam o santuário interior. Não sentia necessidade de perdoar, porque amava os semelhantes como Jesus lhe havia ensinado. Orava pelos adversários gratuitos do caminho, convencido de que não eram maus e sim ignorantes e incapazes. Socorria os ingratos, lembrando que o fruto verde não pode oferecer o sabor daquele que amadurece a seu tempo. Chorava de júbilo, a sós, na oração de louvor, reconhecendo a extensão das bênçãos que recebera do Céu... Interpretava dores e problemas como recursos de melhoria substancial. As lutas eram para ele degraus de ascensão. Os perversos, ao seu olhar, eram irmãos infelizes, necessitados de compaixão fraternal. Sua palavra jamais condenava. Seus pés não caminhavam em vão. Seus ouvidos mantinham-se atentos ao bem. Seus olhos enxergavam de mais alto. Suas mãos ajudavam sempre. Sintonizava sua mente com a esfera superior. Seu maior desejo, agora, era conhecer o programa do Mestre e cumpri-lo. Pregava a verdade e a ensinava a quantos procurassem ouvi-lo; entretanto, experimentava maior prazer em ser útil. Guardava, feliz, a disposição de servir a todos. Sabia que era imprescindível amparar o fraco para que a fragilidade não o precipitasse no pó, e ajudar ao forte a fim de que a força mal aplicada não o envilecesse. Conservava o conhecimento, o ideal, o entusiasmo, a combatividade em favor do bem, a experiência benfeitora e a oração iluminativa; todavia, acima de tudo, compreendia a necessidade de refletir a vontade de Deus no serviço ao próximo. Suas palavras revestiam-se de ciência celestial, a humildade não fingida era gloriosa auréola em sua fronte, e, por onde passava, agrupavam-se em torno dele os filhos da sombra, buscando em sua alma a luz que amam quase sempre sem entender...

O Senhor, encontrando-o em semelhante estado, estreitou-o nos braços, de coração a coração, proclamando:

— *Bem-aventurado o servo fiel que busca a divina vontade de nosso Pai!*

E, desde então, passou a habitar com o discípulo para sempre.

~ 4 ~
Nos limites do Céu

No extremo limite da Terra com o Céu, aportou um peregrino envolto em nevado manto. Irradiava pureza e brandura. A fronte denunciava-lhe a nobreza pelos raios diamantinos que emitia em todas as direções. Extenso halo de luz assinalava-lhe a presença.

Recebido pela entidade angélica, que presidia à importante passagem, apresentou sua aspiração máxima: ingressar definitivamente no paraíso, gozar-lhe o descanso beatífico.

O divino funcionário, embora admirado e reverente perante Espírito tão puro, esboçou o gesto de quem notava alguma falha menos visível ao olhar inexperiente e considerou:

— Meu irmão, rendo homenagem à alvura de tuas vestes, entretanto, vejamos se já adquiriste a virtude perfeita.

Sorridente, feliz, o viajor vitorioso pôs-se à escuta.

— Conseguiste entesourar o amor sublime? — perguntou o anjo, respeitoso.

— Graças a Deus! — informou o interpelado.

— Edificaste a humildade?

— Sim.
— Guardaste a esperança fiel?
— Todos os dias.
— Seguiste o bem?
— Invariavelmente.
— Cultivaste a pureza?
— Com zelo extremado.
— Exemplificaste o trabalho construtivo?
— Diariamente.
— Sustentaste a fé?
— Confiei no divino Poder, acima de tudo.
— Ensinaste a verdade e testemunhaste-a?
— Com todas as minhas forças.
— Conservaste a paciência?
— Sem perdê-la jamais.
— Combateste os vícios em ti mesmo, tais como a vaidade e o orgulho, o egoísmo e o ciúme, a teimosia e a discórdia?
— Esmeradamente.
— Guerreaste os males que assolam a vida, como sejam o ódio e a perversidade, a insensatez e a ignorância, a brutalidade e a estupidez?
— Sempre.

O anjo interrompeu-se, refletiu longos minutos, como se estivesse em face de grave enigma, e indagou:
— Meu amigo, já trabalhaste no inferno?
— Ah! isto não! — respondeu o peregrino, escandalizado.
— Como haveria de ser?

O fiscal da celeste alfândega sorriu, a seu turno, e observou:
— Falta-te semelhante realização para subir mais alto.
— Oh! que contrassenso! — aventurou o interessado — como servir entre gênios satânicos, de olhos conturbados pela permanente malícia, de ouvidos atormentados pela gritaria, de mãos atadas pelos impedimentos do mal soberano, de pés

cambaleantes sobre o terreno inseguro, com todas as potências da alma perturbadas pelas tentações?

— Sim, meu amigo — acentuou o preposto divino —, o bem é para salvar o mal, o amor foi criado para que amemos, a sabedoria se destina, em primeiro lugar, ao ignorante. A maior missão da virtude é eliminar o vício e amparar o viciado. Por isto mesmo, o Céu não perde o inferno de vista...

E, perante o assombro do ouvinte, rematou:

— Torna à Terra, desce ao inferno que o homem criou e serve ao Senhor supremo, voltando depois... Então, cogitaremos da travessia. Lembra-te de que o Sol, situado cerca de cento e cinquenta milhões de quilômetros além do teu mundo, lança raios luminosos e salvadores ao mais profundo abismo planetário...

Em seguida, o controlador da Porta celestial cerrou a passagem ligeiramente entreaberta e o peregrino, de capa lirial, espantadiço e desapontado, sentou-se um pouco, a fim de meditar sobre as conquistas que havia feito.

~ 5 ~
A missão

Quando Pacheco foi à reunião de intercâmbio espiritual pela primeira vez, Ricardo, devotado benfeitor do Além, anunciou-lhe preciosa missão que teria a cumprir. Havia renascido entre os homens para atender a elevado ministério. Cultivaria bênçãos de Jesus, seria uma claridade viva nas sombras do mundo.

Pacheco regozijou-se. Chorou de júbilo. Viu-se, por antecipação, à frente de grandes massas de sofredores, dispensando graças do Altíssimo. E, desde então, passou a esperar a ordem direta do Céu, para execução do sublime mandato de que era portador.

Afeiçoado à consoladora Doutrina dos Espíritos, revelou, em breve, adiantadas possibilidades mediúnicas, que mobilizou, um tanto constrangido, a serviço do bem. Não se achava muito disposto ao contato permanente com infortunados e indagadores, sempre férteis entre os vivos e os mortos. No entanto, tentaria. Aguardava a missão prometida, repleta dos galardões da evidência. Recebê-la-ia confiante.

Dentro de alguns meses, contudo, o rapaz denunciava imensa fadiga e, ao termo de apenas dois anos, o soldado arreava mochila. Afastou-se do grupo que frequentava. Silenciou. Recolheu-se à vida pacata, onde não lhe surgiam aborrecimentos. Para que outro mundo, além do oásis que a esposa querida e os filhos carinhosos lhe ofereciam? Para que outra ambição, além daquela de assegurar no "pé-de-meia" o futuro da família? Lia notícias do movimento que o interessara antes e amava a boa palestra de gabinete.

De quando em quando, lá surgia um amigo a pedir-lhe opinião, com referência à mediunidade e ao Espiritismo. Pacheco catequizava, solene, sobre a imortalidade da alma. Relacionava as próprias experiências e rematava sempre:

— Os Espíritos protetores, certa feita, chegaram a declarar que tenho grande missão a cumprir.

—Oh! e por que se afastou assim?! — era a pergunta invariável que lhe desfechavam à queima-roupa.

Cruzava os braços e informava em tom superior:

— As ideias são respeitáveis, mas as criaturas... Imaginem que minhas faculdades eram consultadas a propósito dos mais rasteiros problemas da vida. Muitos desejavam saber por meu intermédio em que zona comercial estariam situados os negócios mais lucrativos, outros buscavam informações alusivas a tesouros soterrados. Inúmeras pessoas procuravam comigo recursos para ocultar delitos graves ou tentavam converter entidades espirituais em agentes comuns de polícia barata. Era eu assediado impiedosamente para esconder crimes ou desvendá-los. Devia funcionar como medianeiro entre maridos e mulheres briguentos, consertar existências fracassadas por desídia dos próprios interessados. De outras vezes, frequentadores de minha roda exigiam que eu desse conta de seus parentes desencarnados. Perdi o sossego em casa e na rua. Os amigos e familiares conspiravam amorosamente contra minha paz, a título de praticarmos a caridade e, nas ruas, fileira crescente de necessitados e curiosos se punha invariavelmente à minha espera.

Pacheco interrompia-se, pigarreava, e prosseguia:

— E na associação dos próprios companheiros? A vaidade acendia fogueiras difíceis de tolerar. A discórdia lavrava entre todos. Ninguém pretendia servir. Todos buscavam mandar e controlar. A obediência a Jesus e aos bons Espíritos era mandamento para a boca. O coração andava longe. Os diretores indispunham-se reciprocamente, por questões mínimas, os irmãos abusavam da faculdade de analisar. Como ser útil a organizações de semelhante jaez? Ninguém buscava a verdade cristalina. Os ignorantes e os instruídos rogavam para que a verdade se adaptasse a eles, às suas necessidades, aos seus casos... Diante de tudo isto...

O narrador silenciava, reticencioso, e a conversação se reajustava noutro rumo, porque, efetivamente, a exposição de Pacheco oferecia valioso alicerce na lógica.

A vida, contudo, seguiu o tempo, renovando-se dia a dia, e o inteligente desertor jamais esqueceu a missão que o generoso Ricardo lhe havia prometido.

As experiências nevaram-lhe os cabelos, os invernos vencidos enrugaram-lhe a face. A morte arrebatou-lhe a companheira. O mundo pediu-lhe os filhos.

Sozinho agora, de quando em vez procurava antigos companheiros de fé e perguntava ao fim de longa palestra:

— E a missão? Aguardei-a com tanta esperança...

Correram os dias, até que o nosso amigo foi igualmente obrigado a largar o corpo, premido pela angina.

Desencarnado, lutou intensamente para restabelecer a visão e a audição singularmente enfraquecidas.

Cambaleava, hesitante, até que, um dia, viu Ricardo à frente dele.

Ajoelhou-se, confrangido, e indagou, em lágrimas:

— Oh! meu benfeitor, e a missão que me prometestes?

O interpelado sorriu, triste, e exclamou:

— Pudera! fugiste no instante preciso...
— Quê?! — fez o infeliz, apalermado.
— Sim — tornou o amigo —, a possibilidade de auxiliar os semelhantes foi a missão que menosprezaste.

Pacheco pranteou, referindo-se à incompreensão dos homens e às infindáveis querelas dos companheiros.

Ricardo, porém, revidou sereno:
— Jesus não precisaria desenvolver o apostolado que exerceu entre nós, se a Terra já congregasse anjos e santos. Em verdade, a maioria das criaturas humanas padece de inqualificável cegueira do coração, diante da Revelação divina; entretanto, como realizar a obra do aperfeiçoamento geral, se alguém não contribuir no áspero serviço da iniciação? Que seria de nós, Pacheco, se o Cristo não se dispusesse a sofrer para ensinar-nos o caminho do bem e da vida eterna? A missão da luz é espancar as trevas, a glória do bem é vencer o mal com amor.

O infeliz gritou, em soluços:
— Por que teria de compreender somente agora?

Ricardo, imperturbável, informou:
— Não desesperes. Suporta as consequências do erro e aguarda o porvir infinito. Regressarás mais tarde à escola do mundo, e, quando estiveres no círculo da carne, novamente, nunca te esqueças de que as missões salvadoras na Terra, quase sempre, chegam vestidas de avental ou de macacão.

~ 6 ~
O anjo servidor

Quando o anjo servidor, em trabalho inadiável, alcançou o pátio repousante, onde se aglomeravam desencarnados diversos, olhou de relance para ver se descobria alguém que com ele cooperasse na tarefa que o deslocava do Céu.

Necessitava de companheiro recém-vindo da Terra e, aproximando-se das almas recentemente desembarcadas no Além, procurou, lesto, entre elas, o colaborador nas condições exigidas.

Explicou seus objetivos em poucas palavras e dirigiu-se a cavalheiro de semblante grave, perguntando:

— *Meu irmão, quais são os teus planos?*

— Estou aguardando a minha entrada no banquete divino — redarguiu o interpelado, sem cerimônia —, fui católico apostólico romano. Servi a diversas congregações. Jamais perdi a santa missa. Confessava-me regularmente. Recebi, centenas de vezes, a sagrada partícula, extasiado e feliz. Respeitei os sacerdotes e beijei, reverente, o anel dos meus pastores. Distribuía esmolas pela *conferência* a que me filiara. Honrei a memória dos santos com dilatadas penitências.

Fixou o horizonte distanciado, persignou-se e rematou:

— Louvado seja o Senhor que me salvou pelo mistério do Santíssimo Sacramento! Entrarei, contrito, na Corte Celeste! Aleluia! Aleluia!...

O emissário de Mais Alto aprovou-o, com um gesto silencioso, e passou adiante.

Pousando a atenção noutro recém-desencarnado, indagou:

— Amigo, que esperas por tua vez?

— Eu?! — suspirou — busco a herança de meu Deus. Vivi na religião reformada. Guardei a fé, acima de tudo. Nunca faltei aos meus cultos. Fiz a leitura diária da Bíblia, enquanto estive na Terra. Defendi os ideais evangélicos, ardorosamente. Fui combatente de Cristo, condenando-lhe os inimigos. Contava com a remuneração de meus serviços no Juízo Final; no entanto, reconheço hoje que a minha glória pode ser apressada. Habitarei à direita de meu Senhor para sempre.

O anjo fez sinal de aprovação e passou a um terceiro.

— Que aguardas, irmão? — interrogou ele.

Radiante, o novo interlocutor observou:

— Fui espiritista. Preparo-me gostosamente para a jornada em demanda dos mundos felizes. Doutrinei os Espíritos das trevas. Pratiquei a caridade em todos os setores. Fui simples e paciente. Em tempo algum estive ausente das minhas sessões. Cultivei a pregação sistemática dos princípios que abracei em nome de Deus. Confiei-me invariavelmente aos bons Espíritos. Agora, como é natural, entrarei na posse dos meus bens eternos.

O missionário angélico aprovou-o igualmente e auscultou o seguinte:

— Que projeto traçaste, amigo? — inquiriu atencioso.

— Eu? Eu? — gaguejou o companheiro a quem se dirigia — para exprimir-me com verdade, nem eu mesmo compreendo minha presença entre os justos e piedosos. Fui trazido a este recinto constrangidamente.

E, em pranto mal contido, acrescentou desapontado:

— Fui ateu, por infelicidade minha. Não admitia a sobrevivência da alma. Não sei, francamente, se cheguei a praticar algum bem no mundo. Apenas busquei sempre a execução dos meus deveres de Humanidade, atendendo às diretrizes da reta consciência. Procurei levantar os fracos e os abatidos e proporcionar ensejos de aprendizado e serviço a ignorantes e ociosos como se o fizesse a mim mesmo, sem nenhum propósito de ser recompensado na paisagem que me surpreende. Tantos sofredores, porém, encontrei no caminho terrestre e tanto trabalho vi no planeta aguardando braços fortes e generosos que, sabendo hoje da existência de uma Justiça misericordiosa e infalível no Céu, muito me envergonho da descrença que adotei na Terra, embora procurasse lutar para ser um homem digno, e, se me fosse concedido formar algum projeto, devo assegurar que meu único desejo é regressar à Terra e cooperar mais ativamente na felicidade dos nossos semelhantes.

Com surpresa, o anjo abraçou-o e convidou-o a segui-lo, esclarecendo:

— Sim, vamos. Todos os que permanecem neste átrio de repouso merecem a bênção divina. O católico, o reformista, o espiritista e o incrédulo, suscetíveis de serem erguidos até aqui, foram homens de elevada expressão na melhoria do mundo. Todavia, para servir imediatamente ao meu lado, prefiro o irmão que não tenha o pensamento prisioneiro do salário celestial. Preciso de um cooperador liberado das complicações de pagamento. A conta prévia costuma dificultar o trabalho.

E, sem mais delonga, desceu em companhia do ex-materialista a fim de atender a serviço urgente na Terra.

~ 7 ~
No Reino da Terra

Em meio de nossas conversações referentes às grandes personalidades do mundo, o ancião generoso tomou a palavra e contou, pausadamente:

— Dizem que após as vitórias de Constantino, quando os cristãos se sentiram mais tranquilos, em virtude dos cálculos políticos do imperador, o Diabo, certo dia, tomou as aparências do Mestre e, com maneiras sacrílegas, aproximou-se da multidão reverente e boquiaberta.

Um dos principais do povo, assumindo ares de liderança, acercou-se de Satanás e perguntou:

— Senhor, como saberemos quais são os maiores no reino da Terra?

De olhar coruscante, embora a máscara apostólica em que se dissimulava, o Rei das Trevas parecia esperar a interrogação. Lançou um gesto largo à guisa de bênção e falou untuoso:

— Em verdade vos digo que os maiores no reino da carne serão aqueles que souberem usar a mentira com as mais belas cores.

"Conquistarão a glória dos cimos quantos conseguirem o grande prêmio das atitudes escorregadias e despistadoras.

"Respirarão os ares da montanha terrestre todos os que defenderem zelosamente as suas próprias algibeiras, atentos aos códigos dos convencionalismos exteriores.

"Viverão nos pináculos os que desempenharem a função de 'sal' dos grandes negócios, fáceis e lucrativos; os que amontoarem camisas, olvidando a nudez dos semelhantes; os que monopolizarem o azeite e a farinha, esquecendo a fome da vizinhança.

"Crescerão sempre os que fugirem das associações pobres e humildes; os que cuidarem exclusivamente da túnica irrepreensível e bem talhada; os que falarem mais alto nas assembleias.

"Subirão em destaque os que exercerem a tirania, fazendo valer caprichos pessoais acima do direito dos outros; os que nunca passaram pela dependência e se apegam à liberdade de tudo fazerem sem consultar a ninguém; os maus e os perversos, que apresentarem suas obras com a decência do mundo.

"Escalarão eminências prodigiosas quantos avançarem sem escrúpulos de qualquer natureza, de modo a se mostrarem no topo da escada dos interesses imediatos; os que, despreocupados da reconciliação sincera com os adversários, tornam ao convívio deles, em nova fantasia, para vinganças oportunas; os que em absoluta compostura humana atenderem à prática do mal, ostentando o título de benfeitores.

"Ganharão alturas inexprimíveis na Terra os que melhor anularem os seus irmãos; os que, em lugar do 'amai-vos uns aos outros', exercitarem o 'devorai-vos como puderdes'; os que, ao invés do 'orai e vigiai', aceitarem como lema o 'defendei-vos de qualquer modo sem reparar os meios'.

"Revelar-se-ão nas galerias da evidência aqueles que caluniarem como quem elogia, que perseguirem como quem ajuda, que destruírem o bem como quem combate o mal.

"Valorizar-se-ão incessantemente nos mercados da apreciação comum os que assassinarem o tempo, menosprezarem o trabalho digno e ridicularizarem o estudo sério e edificante.

"Levantar-se-ão como gigantes os cultivadores do sarcasmo, os expoentes da ironia e os representantes mais finos da crítica.

"Viverão assinalados em relevo os clientes da extravagância, os fregueses dos direitos sem obrigações e os promotores das longas e venenosas palestras que compliquem a vida alheia.

"Atingirão invejáveis cumes os que melhor confundirem a quem os ouça, os afoitos em possuir e os inteligentes na preservação das vantagens transitórias que lhes são próprias.

"Em verdade vos foi dito que enquanto não vos fizerdes simples como as crianças, não estareis aptos à maioridade no Reino dos Céus! Agora, porém, vos digo que enquanto não vos fizerdes maduros, na habilidade humana, de modo algum possuireis o Reino da Terra!".

Calou-se o velhinho bom, sob a estupefação que nos tomara de assalto.

Em seguida a longo silêncio, deitou para trás as madeixas de cabelos brancos a lhe caírem esparsas na testa rugosa, levantou-se, firme, arrimado ao bordão e exclamou para nós outros, antes de prosseguir o seu caminho:

— Dizem igualmente que, até hoje, muitos séculos decorridos sobre os ensinamentos de Jesus, raríssimas pessoas aparecem pleiteando posição no Reinado celestial, mas milhões de criaturas disputam ferozmente, todos os dias, os melhores recursos de alcançarem a maioridade terrestre, segundo as definições de Satanás...

~ 8 ~
Roteiro

A requisição de palpites do plano invisível é tão velha quanto o mundo.

O primeiro templo consagrado à fé religiosa na Terra terá sido, certamente, um tribunal de súplicas, em que o homem primitivo buscava a manifestação dos deuses.

E, em todos os tempos, o grito de socorro abafou o hino de hosanas.

O Espírito encarnado no planeta desempenha, acima de tudo, o papel de Édipo, rolando na tela das circunstâncias tecida por ele mesmo. O filho de Laio, contudo, decifrou os enigmas que lhe eram propostos pela Esfinge, nos arredores de Tebas, enquanto que o homem comum se apavora e cai, ante os problemas da morte, ao redor do sepulcro.

Todavia, não evocamos a imagem para urdir considerações literárias em torno do tema antigo. Lembramos aqui o afã dos amigos terrestres, procurando-nos o concurso fraternal a fim de resolverem as questões que lhes dizem respeito. Os "vivos" pedem orientação aos "mortos" com estranho fervor, como se os esgares do transe final do corpo nos houvessem promovido a magos infalíveis. Organizações caridosas e personalidades mediúnicas são diariamente atormentadas, no Espiritismo, de mil modos, por milhares de solicitações dessa natureza. Com facilidade, renovaríamos no mundo os deliciosos oráculos gregos, cheios de fantasia pagã, se a luz do Cristo não nos presidisse agora aos impulsos, porque, sem dúvida, a massa de reclamações e de pedincharia endereçadas à nossa esfera é de espantar.

Simpatizantes da causa doutrinária querem pareceres do Além, acerca das mudanças do câmbio, de querelas judiciais ou surpresas do subsolo...

No entanto, não é para esses trêfegos consulentes de médiuns invigilantes que alinhavamos as presentes observações.

Reportamo-nos aos companheiros sinceros que pedem um roteiro de espiritualidade para os serviços da vida.

Permanecem cansados e desiludidos, afirmam alguns. Inquietos e torturados, declaram outros. Pretendem de nós, por vezes, longos comunicados repletos de itens informativos. Exigem particularidades. Desejam que nos pronunciemos sobre a conduta que lhes compete na sociedade e no lar. Muitos nos situam ingenuamente entre os juízes de toga flamejante e aguardam de nossas mãos libelos fulminatórios, como se não estivéssemos igualmente em luta por extinguir os próprios defeitos e sanar as próprias imperfeições.

É para esses que recordamos as normas esposadas atualmente por nós. A única diretriz respeitável que poderíamos indicar aos companheiros de reta intenção é o retorno à estrada do Cristo. À exceção dos Espíritos missionários que consumiram a existência na renúncia santificante, o que estamos fazendo além do túmulo, em boa linguagem, é o trabalho de lavanderia. Temos a roupa suja e é impossível prosseguir sem vestes limpas, através de caminhos iluminados e claros.

A receita lógica, portanto, para a comunidade dos irmãos encarnados, é o reajustamento no bem legítimo. Os interessados na aquisição de conhecimento e santidade encetem o esforço no próprio círculo. Quem se candidate à elevação, principie por elevar-se. Quem pretenda o convívio das entidades superiores, comece por emergir do vale fundo em que se concentram os motivos mais baixos da vida e subam para o monte da iluminação... Não esperem que os desencarnados lhes venham assinalar deficiências. Também nós, convalescentes da alma, experimentamos a sede de cura definitiva.

Certa feita, enunciou Oscar Wilde que a arte de dar conselhos consiste em indicarmos para os outros aquilo de que mais carecemos. Não incidiríamos, depois da morte, pelo menos nós, os pecadores confessos, em erro semelhante.

Busquemos todos o Conselheiro divino.

Conjuguemos com Ele os verbos orar e vigiar, perdoar e amar, ajudar e servir. Iniciemos a tarefa pelos irmãos incompreensivos mais próximos.

A época da revelação espiritual, por entre laboratórios e gabinetes de pesquisa, deve ter passado para os estudiosos leais, que procuram a luz. A atualidade pede recolhimento no próprio ser. A mente necessita centralizar-se, a fim de sentir a claridade sublime do Alto, na intimidade da consciência.

Ai dos que não dominarem o corcel da imaginação na corrida que a civilização moderna improvisou para a morte!...

Se os aprendizes do mundo permanecem, efetivamente, à espera de orientação, por parte daqueles que os precederam na grande jornada, ouçam nosso apelo: recorramos a Jesus, não só no título de Salvador glorioso da Humanidade, mas também na condição de Mestre para a nossa experiência individual. Quantos estiverem entediados da exibição de "compridas túnicas" da extravagância, entre os fariseus de todos os tempos, voltem conosco à simplicidade original. Lavemos o pensamento nas fontes cristalinas da Verdade.

Façamo-nos crianças e, buscando o eterno Amigo, supliquemos a Ele com sinceridade infantil:

— Senhor, ouvimos-te a palavra, quando chamavas os pequeninos. Ensina-nos a caminhar, a servir e a viver!...

E estejamos convictos de que o Guia dos Séculos nos tomará as mãos frágeis, sereno e acolhedor, para conduzir-nos "através dos vales da sombra e da morte", onde, em companhia dele, "não temeremos mal algum".

~ 9 ~
# Apontamentos do ancião

Em face dos aborrecimentos que lhe fustigavam o espírito, ante a opinião pública a desvairar-se em torno de sua memória, humilde "jornalista morto" ouviu sereno ancião, que lhe falou com sabedoria:

— Quando Jesus transformou a água em vinho, nas bodas de Caná, os maledicentes cochicharam, em derredor:

"'Que é isto? Um messias incentivando a embriaguez?'

"Mais tarde, em se reunindo aos pescadores da Galileia, a turba anotou, inconsciente:

"'É um vagabundo em busca de pessoas tão desclassificadas quanto Ele mesmo. Por que não procura os principais?'

"Logo às primeiras pregações, a chusma dos ignorantes, em vez de reconhecer os benefícios da Palavra divina, comentou irreverente:

"'É insubmisso. Vive sem horários, sem disciplinas de serviço.'

"À vista da multiplicação dos pães e dos peixes, a massa não se comoveu quanto seria de esperar. Muita gente perguntou, franzindo sobrancelhas:

"'Como? Um orientador sustentando ociosos?'

"Limpando as feridas de alguns lázaros que o buscavam, afirmou-se, em surdina:

"'Vale-se da insensatez dos tolos para impressionar!'

"E quando o viram curar um paralítico, no sábado, consideraram os inimigos gratuitos:

"'Agride publicamente a Lei.'

"Por aceitar a consideração afetuosa de Maria de Magdala, murmuraram os maledicentes:

"'É desordeiro comum. Não consegue nem mesmo afivelar a máscara ao próprio rosto, dando-se à companhia de vil criatura, portadora de sete demônios.'

"Ao valer-se da contribuição de nobres senhoras, qual Joana de Cusa, no desdobramento do apostolado, soavam exclamações como estas:

"'É um explorador de mulheres piedosas! Vive do dinheiro dos ricos, embora passe por virtuoso!'

"Porque se demorasse alguns minutos, junto de publicanos pecadores, a fim de ensinar-lhes a ciência de renovação íntima, acusavam-no, sem compaixão:

"'É um gozador da vida como os outros!'

"Se buscava paisagens silenciosas para o reconforto na oração, gritava-se com desrespeito:

"'Este é um salvador solitário, orgulhoso demais para ombrear com o povo.'

"Como se aproximasse da samaritana, com o propósito de socorrer-lhe a alma, indagou-se com malícia:

"'Que faz Ele em companhia de mulher que já pertenceu a vários maridos?'

"Atendendo às súplicas de um centurião cheio de fé, a leviandade intrigou:

"'É um adulador de romanos desbriados.'

"Visitando Zaqueu, escutou apontamentos irônicos:

"'É um pregador do Céu que se garante com os poderosos senhores da Terra...'

"Abraçando o cego de Jericó, registrou a inquirição que se fazia ao redor de seus passos:

"'Que motivos o prendem a tanta gente imunda?'

"Penetrando Jerusalém, no dia festivo, e impossibilitado de impedir o regozijo de quantos confiavam em seu ministério, afrontou sentenças sarcásticas:

"'Fora com o revolucionário! Morte ao falso profeta!...'

"Censurando o baixo comercialismo do grande Templo de Salomão, dele disseram abertamente:

"'É criminoso, perseguidor de Moisés.'

"Levantando Lázaro no sepulcro, gritavam não longe:

"'É Satanás em pessoa!...'

"Reunindo os companheiros na última ceia, para as despedidas, e lavando-lhes os pés, observaram nas vizinhanças do cenáculo:

"'É pobre demente.'

"Ao se deixar prender sem resistência, objetou a multidão:

"'É covarde! Comprometeu a muitos e foge sem reação!'

"Recebendo o madeiro, berraram-lhe aos ouvidos:

"'Desertor! Pagarás teus crimes!'

"No martírio supremo, era apostrofado sem comiseração:

"'Feiticeiro! De onde virão teus defensores?'

"Torturado, em plena agonia, ouviu de bocas inúmeras:

"'Salva a ti mesmo e desce da cruz!'

"E antes que o cadáver viesse para os braços maternos, trêmulos de angústia, muita gente regressou do Gólgota, murmurando:

"'Teve o fim que merecia, entre ladrões'".

O velhinho fez intervalo expressivo e ajuntou:

— Como sabe, isto aconteceu com Jesus Cristo, o divino Governador Espiritual do planeta.

Sorriu, afável, e rematou:

— Endividados como somos, que devemos aguardar, por nossa vez, das multidões da Terra?

Foi, então, que vi o pobre escritor desencarnado exibir uma careta de alegria, que se degenerou em cristalina e saborosa gargalhada...

~ 10 ~
Um homem do mundo

Que Sidônio Gonçalves era homem inteligente não havia negar. Cuidava de todos os interesses da vida terrena com invulgar mestria. Sua capacidade inventiva, na zona do ganho financeiro, era invejável. De longe, cercava negócios lucrativos. Identificava os fatores de ordem econômica, usando tão grande tirocínio que as suas contas eram sempre as de multiplicar.

E dava prazer vê-lo nas conversações evangélicas, junto aos colegas de trabalho espiritista. Revelava surpreendente espontaneidade nos conceitos felizes. Não chegava a comprometer-se na tribuna. Mas fazia profissão de fé na palestra brilhante e macia.

Os amigos espirituais, observando-lhe a acuidade intelectual, tudo faziam por chamá-lo ao desbravamento de caminhos para a esfera mais alta, mobilizando recursos indiretos.

Sidônio era homem admirável no jogo das aquisições transitórias. Que não faria se aplicasse a mente às propriedades eternas do espírito?

Em razão disso, congregaram-se parentes próximos e remotos, no "outro mundo", a fim de lhe soerguerem o padrão íntimo. Crivaram-no de mensagens consoladoras e elevadas. Puseram-lhe nas mãos, por intermédio de valiosos amigos, centenas de livros notáveis e avisos santificantes. Devia ser bom e útil, valendo-se da vida terrena para iluminar-se.

Sidônio, porém, fosse nos salões ou nas ruas, esquivava-se, gentilmente, ao serviço, comentando:

— Quem sou, meus amigos? Sou um homem do mundo, atolado em negócios materiais. Não estou preparado em face da sementeira divina.

Os benfeitores do Além, contudo, não repousavam. Gonçalves era chamado ao Reino do Senhor, por meio de mil modos. Da linha de conhecimento a que chegara, entretanto, descia sempre, incapaz do impulso de elevação.

Se era convidado a visitar doentes, sua resposta era clara:

— Quem sou eu? Nada tenho para dar. Além disso, sinto-me inabilitado para socorrer enfermos. Tenho os nervos em pandarecos.

Quando algum companheiro, inspirado pelos Espíritos benevolentes, vinha rogar-lhe o concurso na direção de algum centro de caridade, replicava, de pronto:

— Eu? Que pensam de mim? Sou indigno de tal responsabilidade. Minha presença complicaria as questões, em vez de resolvê-las.

De outras vezes, irmãos de luta, nas mesmas circunstâncias, solicitavam-lhe o empréstimo do nome para o serviço de beneficência cristã, mas Sidônio respondia, implacável:

— Nada disto! Quem sou eu? Não tenho valor algum e a opinião pública jamais me perdoaria. Substituam-me, porque, de fato, não sirvo...

Continuava frequentando as reuniões evangélicas e prosseguiam os apóstolos da Espiritualidade acenando-lhe ao coração.

Sugeriram-lhe, certo dia, o desenvolvimento mediúnico, em benefício dos infortunados. O escolhido, no entanto, repeliu com firmeza:

— Que péssima lembrança! — exclamou melindrado — tenho de viver muitos séculos antes de tal cometimento. Sou um homem do mundo, inibido de partilhar de ministério como esse...

As entidades amigas tentaram, então, situar-lhe o concurso num lactário. Quando algumas senhoras, orientadas por trabalhadores desencarnados, lhe trouxeram o plano, Gonçalves explodiu:

— Eu? Tratar de órfãos abandonados? Que ideia infeliz! Procurem outra pessoa...

E esfregando as mãos, espantadiço, acentuava o estribilho:

— Sou um homem do mundo...

Os círculos superiores buscaram, então, localizar-lhe o serviço num asilo de velhos, para que a sua mente, por meio da assistência fraternal, conseguisse algum acesso a regiões de pensamentos mais nobres. Sidônio necessitava *acender* a própria luz. As possibilidades que detinha estavam prestes a extinguir. A existência curta na Terra já lhe impunha o entardecer. O interessado na bênção, contudo, recusou-a. Registrando o apelo que se lhe dirigia à cooperação, anunciou sem tergiversar:

— Absolutamente! Não aceito a incumbência!

E redizia:

— Quem sou eu?...

Por fim, os Missionários de Cima recordaram-lhe a oportunidade de amparar alguns loucos relegados ao hospício. O colaborador retardatário poderia fazer muito ainda. Ajudaria companheiros devotados ao bem e salvaria vários doentes. Todavia, em face do novo convite, esperneou, negou e fugiu.

Veio, porém, a hora da partida e Gonçalves, realmente, experimentou o coração vazio e angustiado. Nada mais fizera que algemar-se aos interesses efêmeros e, sem o veículo de carne, não sabia como utilizar a enormidade do tempo, além-túmulo. Via-se aflito, sem equilíbrio e sem luz.

Depois de longas e difíceis peregrinações pelas vias da incompreensão e do sofrimento, foi recebido por dedicado mensageiro celeste, que lhe atendeu as rogativas, tocadas de pranto.

Sidônio ajoelhou-se.

À frente do sublime missionário e envolvido em seu magnetismo inundado de amor, os olhos se lhe abriam... Era o retorno à claridade bendita.

Mãos estendidas e trêmulas, interpelou o emissário, que não se mostrava disposto a ouvi-lo, por muito tempo, em virtude das obrigações que o reclamavam a outros lugares:

— Mensageiro do Céu — implorou comovedoramente —, valei-me por quem sois! Sempre guardei muita fé na Providência divina, procurei as reuniões edificantes em que os Espíritos bons nos ajudavam, fui um crente e deixei o corpo grosseiro, esperando a admissão nas esferas felizes.

Ante o embaixador silencioso, repetia, inquieto:

— Não me conheceis, porventura? Será possível seja eu agora desfavorecido pelos protetores aos quais recorri?

O preposto de Jesus, estampando indisfarçável tristeza na fisionomia calma, falou:

— Conheço-o bem. Todas as vezes que lhe enviávamos um apelo de serviço, sua mente dava-se pressa em perguntar pela própria identidade.

— Sim, sim... — gaguejou Sidônio, extremamente desapontado — mas refere-se efetivamente a mim? Sabeis, acaso, meu nome?

— Como não? — esclareceu a entidade angélica — você é um homem do mundo... quando modificar a sua direção, transferindo sua alma de residência, procure-nos... Estaremos prontos a atender...

Desviou-se o emissário seguindo outra rota e, tornando à sombra, Gonçalves, de coração opresso, passou a recordar...

~ 11 ~
Esclarecimento

Você pergunta, meu amigo, pelas razões que nos levam a escrever tanto.

Não deveríamos procurar a Corte celestial para repouso? Teríamos tamanha saudade da tarefa humana a ponto de reabsorver-lhe, voluntariamente, as angústias? A seu ver, o sepulcro seria o caminho ideal para o esquecimento absoluto.

Até aí sua indagação se perde no domínio das coisas vulgares. Ocioso inquirir de um homem comum, quanto aos motivos que o compelem a trabalhar pela garantia da própria felicidade.

Seu inquérito, contudo, vai mais além. Deseja saber por que nos dedicamos ao assunto religioso.

— Todos os Espíritos desencarnados — alega, espantadiço — se empenham na difusão dos princípios de fé e caridade. Emparelham-se com os pregadores insistentes do alto dos púlpitos. Não possuiremos suficiente número de ministros e padres no mundo?

Equivoca-se em semelhante generalização. Nem todos os desencarnados se consagram, ainda, a serviço tão nobre. Milhões deles permanecem imantados à crosta do mundo, impedindo o progresso mental das criaturas que lhes são afins. Preferem a discórdia e a malícia, como autênticos demônios soltos, e, quando podem, chegam a destilar venenos cruéis, por meio de escritores invigilantes. Mantêm a ignorância de muita gente, a respeito da eternidade, para melhor se acomodarem às reclamações da inferioridade em que se comprazem.

No entanto, não é para comentar as perturbações da nossa esfera de ação que lhe escrevo esta carta.

Refere-se você à religião, como se a fé representasse bolorento asilo para espíritos inválidos. Certamente envolvido na onda turbilhonária que agita o oceano de nossa civilização decadente, também você penhorou o raciocínio nas ilusões do homem econômico. Crê possível a regeneração do mundo, de fora para dentro, e dar-se-ia, talvez, de bom grado, a qualquer renovador sedento de sangue que prometesse um mundo reformado por decretos que se vão caducando, de cinco em cinco anos.

Dentro de tal clima, não pode compreender o serviço religioso.

Admite que um pomar se mantenha e produza sem a sementeira? Persistiria a vida humana sem o altar da maternidade?

O castelo teórico e o campo da experimentação prática, em que se assentam os princípios filosóficos e científicos da Terra, não se sustentariam sem a fonte oculta e invisível da mística religiosa.

Somente o ser privado de razão consegue movimentar-se sem raízes na Espiritualidade superior.

Os grandes escritores, supostamente materialistas, que você menciona com indisfarçável prazer, não foram senão atletas do pensamento em conflito com as imposições do sacerdócio organizado. Não hostilizavam Deus, objeto sagrado de seus estudos e cogitações. Combatiam os processos infelizes, muita vez usados pelos homens de má-fé, para situarem o eterno e supremo Senhor na ordem política. No fundo, identificavam a Luz divina, na própria lâmpada de intelectualidade que lhes aclarava a mente.

Luz acima

A religião é chama sublime, congênita na criatura. Todas as noções de direito no mundo nasceram à sua claridade e todas as secretarias de justiça, nos mais diversos países do globo, devem a ela sua procedência.

Quando o primeiro selvagem compreendeu que lhe competia respeitar a taba do irmão, tal entendimento ter-lhe-ia surgido, à face da gloriosa visão do céu, recolhendo, por meio da contemplação do Sol e das estrelas, da sombra e da tempestade, a primitiva ideia de Deus.

Subtrair o pensamento religioso da experiência humana seria o mesmo que desidratar o corpo da Terra. Sem a água divina da Espiritualidade, qualquer construção planetária se destina a irremediável secura.

Conseguirá você viver exclusivamente no deserto?

O homem poderá rir com Voltaire, estudar com Darwin, filosofar com Spinoza, conquistar com Napoleão, teorizar com Einstein, ou mesmo fazer Teologia com São Tomás; entretanto, para viver a existência digna, há que alimentar-se intimamente de princípios santificantes, tanto quanto entretém o corpo à custa de pão. Quem não dispõe do divino combustível para uso próprio, recorre inconscientemente às reservas alheias, porquanto, não existe idealismo superior que não tenha nascido da atividade espiritual e, sem ele, o conceito de civilização redunda em grossa mentira.

Não sorria, pois, usando o sarcasmo, perante aqueles que consagram o tempo ao ministério religioso.

Com os cientistas modernos, vocês poderão entrevistar o átomo, fotografar a célula e positivar a curvatura do espaço... Há muita gente na América que já pensa em pedir às autoridades administrativas da política dominante a reserva de terrenos na Lua, considerando o desenvolvimento dos veículos a jato...

Poderão cogitar de tudo isto, mas não deslocarão a ideia religiosa em um milímetro, sequer, de rota. A fé representa claridade de um sol que ilumina o espírito humano, por dentro, e, sem essa claridade no caminho, o planeta poderia perder, em definitivo, a esperança num futuro melhor.

Quanto ao fato de demorar-me, por algum tempo, na atualidade, entre admiráveis amigos que cogitam de servir, depois da morte, ao Cristianismo renascente, creia que isto ocorre por gentileza deles e não por merecimento de minha parte. Não sou nenhum Livingstone em áfricas do "outro mundo". Quem define o meu caso, com paciência, é o nosso velho sábio Shakespeare.

Disse ele, certa vez, que "quando Deus nos vê endurecidos no mal, cerra-nos os olhos para a imundície e nos obscurece o juízo, de modo que chegamos a adorar os nossos desvarios e a zombar de nós mesmos, caminhando, cheios de cegueira e de orgulho, para a perdição". Segundo depreende, sou um enfermo à procura de melhoras.

Embora desencarnado, não posso saber se você guarda saúde integral. Creio, porém, que, se algum dia atingir a infelicidade a que cheguei, não deixará de fazer conforme estou fazendo.

~ 12 ~
O anjo consertador

Quando o crente enfermo conseguiu encontrar, após longas súplicas, o Anjo consertador, prosternou-se, reverente, e falou, banhado em lágrimas:
— Benfeitor celeste, socorre-me, por piedade! Trago o estigma do fracasso. Sou profundamente infeliz!... Contra mim permanecem associadas todas as forças do mal. Nas menores particularidades do caminho sou perseguido sem remissão... Meus negócios falham, meus interesses sofrem prejuízos infindáveis, minha saúde perece... Vivo coberto de preocupações e sofrimentos. Embalde, busco o auxílio da prece, porque, depois de frequentar templos diversos e tentar devoções diferentes, me vejo tão aflito quanto antes. Restaura-me o destino! És o benemérito consertador das vidas frustradas. Atende-me! sinto-me desfalecer...
Deteve-se o emissário angélico e auscultou delicadamente o desventurado. Mirou-o, compadecido, e considerou:
— Realmente, o seu desequilíbrio comove.

Fixou nele o olhar muito límpido e iniciou carinhoso interrogatório:

— Meu amigo, você tem fé?

— Sim — respondeu o sofredor —, minha confiança em Jesus é ilimitada.

— E deseja restabelecer sua paz, aplainar seu caminho?

— Suspiro por semelhantes realizações.

O instrutor fez pequena pausa e acrescentou:

— Você sabe que o homem é uma peça viva, dono de uma consciência própria, senhor de uma razão pessoal e herdeiro de Deus...

— Sim, reconheço.

— Pois bem — ajuntou o ministro da Espiritualidade —, o serviço restaurador que me compete há que basear-se na aceitação do homem. Não podemos assaltar o coração quando a criatura se refugia na cidadela da vaidade e do orgulho. Assim, se você nos aguarda a intercessão, responda lealmente às minhas perguntas.

O enfermo, envolvido na luz irradiante do Embaixador celestial, reconheceu que seria inútil mentir.

— Você vive em família e exerce uma profissão regular?

— Sim...

— Compreende seus deveres de amor, gentileza e assistência para com os domésticos e suas obrigações de respeito, solicitude e atenção para com os superiores e subalternos? Vivendo em comunidade, na luta diária, sabe livrar seu fígado e seu coração das nefastas projeções vibratórias do ódio e da revolta? Exercita, regularmente, suas noções de fraternidade? Combate a intemperança mental pela contenção dos impulsos inferiores? Procura dar a cada pessoa que o cerca o que lhe pertence? Serve sem reclamações e evita o clima escuro da maledicência? Põe o espírito de serviço acima de suas preocupações individuais? Preserva, em suma, a própria paz?

— Oh! tudo isto é demasiadamente difícil...

— Concordo — observou o anjo —, a elevação demanda esforço, mas o meu irmão não aspira à claridade do Alto?

— Ora — aventou o doente, um tanto desencantado —, como agir, dentro de tais normas, em ambiente refratário aos nossos ideais? Não tolero exigências, nem aceito cooperação incompleta. E se me vejo rodeado de pessoas sem mérito, segundo meu modo de ver, como tributar-lhes consideração respeitosa? Não compreendo a justiça inoperante. Além disto, no círculo doméstico, sou infenso aos desaforos de quantos me acompanham na vida. Dou-me, com muito mais harmonia, com estranhos. Meus parentes fazem questão de hostilidade permanente e não cedo um centímetro em meus pontos de vista. Se preferem a guerra aberta, que fazer senão aceitá-la?

O mensageiro esboçou um sorriso discreto e continuou:

— Se sua posição no lar e no trabalho é tão perigosa, vejamos seu campo social. Busca entrosar-se com os seus semelhantes? Dedica-se a algum serviço de benemerência? Recebe os sofredores com bondade e esquece facilmente o ataque dos maus? Consegue imunizar seu cérebro e seus nervos contra a influência das forças tenebrosas? Vive com moderação para afastar a indesejável visita da inveja, exemplificando a correção para que os tentáculos da calúnia não lhe atinjam a mente? Age, em tudo, com prudência, justiça e solidariedade fraternal, a fim de que o despeito e a inconformação não lhe ameacem a sementeira do bem? Consagra simpatia aos infortunados, ajuda os que erram e procura descobrir o verdadeiro necessitado, contrariando, por vezes, suas próprias inclinações? Sabe ser o médico de si mesmo, auxiliando os aflitos do caminho, para que as emissões benéficas do agradecimento o amparem e curem? Respeita os outros, de modo a ser respeitado pelo maior número de pessoas?

O implorante passou do desapontamento à revolta e objetou:

— Afinal, estou muito distante de tal perfeição. Impossível ser anjo, entre Espíritos satânicos. Se eu me mostrar simpático com os infortunados, talvez me devorem... Em geral, os sofredores são mais preguiçosos que propriamente infelizes. Não sei aturar gente má e acredito que a justiça não existe senão para essa espécie de criaturas. Se me não defender contra os vizinhos, acabarão por esmagar-me.

Fitou no interlocutor divino os olhos enfadados e rematou:

— Justamente por viver enfermo e desalentado é que venho rogar-lhe auxílio...

— Mas explique-se. Que pretende, então?

— Não és, anjo sublime, o administrador da restauração? Quero o reajustamento da vida, um milagre do socorro celestial.

— Oh! sim — suspirou o emissário —, você também está esperando uma violência de Deus...

E, desvencilhando-se do sofredor, despediu-se, calmo. Devia atender a outros setores de assistência. Massas angustiadas aguardavam-no mais além...

— Oh! abandonas-me, desamparas-me? — gritou o pedinte singular, sob forte irritação — o próprio Céu me detestará?

O mensageiro angélico, entretanto, esclareceu, sereno:

— Você ainda não foi desconsertado a ponto de merecer conserto. Antes de nossa intervenção em sua estrada, o sofrimento terá grandes quefazeres ao pé de seu roteiro...

E, acenando para ele com a destra fraterna, concluiu:

— Noutro século, encontrar-nos-emos outra vez...

~ 13 ~
Como tratar médiuns

Você pergunta a mim, Espírito desencarnado, qual a maneira adequada de tratar os médiuns. Alega que muitos passaram por seu clima individual, sem que pudesse compreendê-los. Começam a tarefa, entusiásticos, e, lestos, abandonam a sementeira. Alguns sustentam o serviço por algum tempo; outros, contudo, não vão além de alguns meses. Muitos se afastam, discretos, recuando deliberadamente, ao passo que outros tantos resvalam, monte abaixo, atraídos por fantasias tentadoras.

Afirmando seu amor à Doutrina que nos irmana agora, você indaga com franqueza: como tratar essa gente, para que o Espiritismo não sofra hiatos nas demonstrações da sobrevivência?

Não tenho pretensões a ensaísta de boas maneiras. Malcriado quanto tenho sido, falece-me recurso para escrever códigos de civilidade, mesmo no "outro mundo".

Creio, todavia, que o médium deve receber tratamento análogo ao que proporcionamos a qualquer ser humano normal.

Trata-se de personalidade encarnada, com obrigações de render culto diário à refeição, ao banho e ao sono comum. Deve atender à vida em família, trabalhar e repousar, respeitar e ser respeitado. Não guardará o talento mediúnico, à maneira de enxada de luxo que a ferrugem carcome sempre, mas evitará a movimentação intempestiva de suas faculdades, tanto quanto o ferreiro preserva a bigorna. Cooperará, com satisfação, no esclarecimento dos problemas da vida, junto aos estudiosos sinceros; todavia, não entregará seus recursos psíquicos à curiosidade malsã dos investigadores sem consciência, detentores de leviandade incurável, a pretexto de colaborar com os cientistas do clube dançante, que vazam comentários acadêmicos, entre um sorriso de mulher bela e uma dose de aguardente rotulada de uísque.

Esta é uma definição sintética que me cumpre fornecer, de passagem; entretanto, já que você se refere ao amor que assegura consagrar ao Espiritismo edificante, conviria sondar a própria consciência.

Realmente, são inúmeros os companheiros que se precipitam da tarefa mediúnica ao resvaladouro do desencanto e do sofrimento, como andorinhas de voo alto, atiradas, semimortas, do firmamento ao bojo escuro do abismo. Vemos, no entanto, que se os pássaros, algumas vezes, descem ao círculo tenebroso, sob o fascínio de perigosa ilusão, na maioria dos casos caem mutilados sob golpes de caçadores inconscientes.

Doloroso é dizer; contudo, quase todos os médiuns são anulados pelos próprios amigos, sem maior consideração...

O plano superior traça o programa de trabalho, benéfico e renovador. O funcionário da instrumentalidade concorda com os seus itens e dispõe-se a executá-lo, mas, escancarada a porta do serviço, a chusma de ociosos adensa-se-lhe em torno.

Esqueçamos a fileira compacta dos investigadores e curiosos que transformam em cobaia o primeiro doente psíquico que lhe cai sob as unhas. As reclamações insaciáveis dos próprios irmãos

Luz acima

de ideal são mais venenosas. Identificando-as, somos forçados a reconhecer que os espiritistas modernos têm muito que aprender acerca do equilíbrio próprio, antes que o primeiro médium com tarefa definida possa cumprir integralmente sua missão.

O intermediário entre os dois planos move-se com extrema dificuldade para entregar às criaturas terrestres a mensagem de que é portador. Se os adversários gratuitos recebem-no a pedradas de ironia, os afeiçoados principiam por erigir-lhe pedestal envolto em grossas nuvens de incenso pernicioso. O servidor inicia o ministério, quase sempre às tontas, embriagado pelo aroma ardiloso do elogio desregrado. Dentro em pouco tempo, não sabe como situar-se. Os adeptos e simpatizantes da causa se incumbem de convertê-lo em permanente motivo de espetáculo. Quando o exibicionismo não se prende à tentação de convencer os vizinhos, fundamenta-se em supostas razões de caridade. Intensifica-se a luta entre a esfera superior, que deseja beneficiar o caminho coletivo com a projeção de nova luz sobre a noite dos homens, e a arena terrestre, onde os homens cuidam de manter, com desespero, os seus interesses imediatos na carne. O responsável direto, pela ação mediúnica, raramente segue marcha regular. Se permanece no serviço do ganha-pão digno, os companheiros se encarregam de perturbá-lo, chamando-o insistentemente para fora do reduto respeitável em que procura ganhar a vida com nobreza e honestidade. Se mostra alguma instabilidade na realização, improvisam-se tribunais acusadores, ao redor dele; mas se revela perseverança no bem, surge, com mais ímpeto, o assédio de elementos arrasadores, ansiosos por derrubá-lo. Se permanece no posto, é obrigado a respirar solidão quase absoluta, uma vez que as exigências do serviço se multiplicam, por parte dos companheiros de fé, enquanto seus domésticos e afins, em regra geral, dele se afastam, cautelosamente, por não haverem nascido com a vocação da renúncia. Passa a viver, compulsoriamente, as existências alheias, inibido de caminhar na própria rota. É compelido a ingerir, com o almoço, fluidos de desesperação e inquietude de pessoas revoltadas e intemperantes que o buscam, ostentando o título de sofredores. Debalde namora o banheiro com saudade de água salutar na pele suarenta, porque os legítimos e falsos necessitados da própria confraria lhe absorvem as horas, reclamando atenção individual. Trabalha no setor cotidiano de ação, sob preocupações e expectativas infindáveis da guerra nervosa. E quando consegue a estação de pouso noturno, alcança o leito de corpo esfalfado e a resistência em frangalhos.

Se o vanguardeiro não retrocede, fustigado pelos demônios da imprudência e da insensatez e se não se faz presa de entidades maliciosas que o conduzem ao palco da "triste figura", cabe-lhe o destino da válvula gasta prematuramente.

Liga-se o aparelho radiofônico; entretanto, a mensagem chega rouquenha ou não pode enunciar-se. A máquina delicada estala e chia inutilmente. A eletricidade e a revelação sonora continuam existindo, mas o aparelho complicou-se, não pela lei do uso e, sim, pelos golpes do abuso.

Compreende, acaso, o que estou comentando?

A força espiritual e a contribuição renovadora dos missionários da sabedoria vibrarão junto de vocês; todavia, como se exprimirem convenientemente se os interessados perseguem os aparelhos registradores e os inutilizam, por meio da exaustão e do vampirismo, portadores da enfermidade e da morte?

Como somos forçados a reconhecer, meu caro, é tão difícil encontrar médiuns aptos a lidarem com os espiritistas do primeiro século de Codificação Kardequiana, como é raro encontrar espiritistas que saibam lidar com eles...

~ 14 ~
A orientação cristã

Na sessão de conforto educativo, o consulente percebeu que o benemérito orientador espiritual se incorporara à médium em transe, e, logo que o abnegado mentor terminou a preleção sobre tema evangélico, pediu licença para rogar-lhe conselhos.
— Pois não, meu filho! — exclamou o Espírito amigo, generosamente — estou aqui para ouvi-lo; abra seu coração...
O cavalheiro, que principiou tímido, inclinou-se para o benfeitor, exibindo gesto filial, e começou:
— Meu santo protetor, estou exausto! Sinto-me tão necessitado de orientação como o sedento precisa de um gole de água. Perdi os bens que me eram mais caros!... Trago a saúde arruinada e, embalde, perambulo através de clínicas custosas. O fígado não funciona normalmente, os rins ameaçam-me a cada hora, o coração, como louco, bate desregulado... De organismo semimorto, minha família relegou-me ao abandono. Minha parentela desapareceu. Tenho irmãos consanguíneos que poderiam, decerto, amparar-me; contudo, fogem de mim, qual se eu fora criminoso impenitente.

Semelhante situação era, entretanto, suportável. Acontece, porém, que minha esposa fugiu de mim, após dezesseis anos de convivência, deixando-me irremediavelmente desconsolado...
"Ai! meu benfeitor" — acentuou lacrimoso —, "como atender a problema tão aflitivo? Sou um fantasma errando, em vão, em busca de paz. O lar vazio é meu tormento infernal de cada minuto. Meu azar não parou aí. Antipatizando-se comigo, meu chefe de trabalho expulsou-me sem caridade, faz duas semanas. Chamou-me, áspero, despejou sobre mim um montão de palavras agressivas e cerrou-me as portas da casa que servi por mais de sete anos consecutivos... Sou o mais infeliz dos homens... Já intentei contra a vida. No entanto, parece que ainda nisso me persegue a má sorte, porque todas as minhas tentativas falharam... Todas as oportunidades de melhoria são vedadas a mim... Que fiz, meu santo benfeitor, para merecer tantas desgraças? Estarei, porventura, esquecido de Deus?..."

Forte crise de soluços embargou-lhe a voz. O instrutor desencarnado afagou-lhe os cabelos prematuramente encanecidos e considerou:

— Tenha paciência, filho! Não há efeito sem causa.

O pedinte cobrou novo ânimo e implorou:

— Inspira-me, devotado protetor! Orienta-me. Não me abandones!...

— Que deseja que eu faça? — indagou o mensageiro espiritual.

— Traça-me roteiro certo... meu destino é um novelo embaraçado... Aconselha-me, em nome de Jesus!

— Do Mestre que desceu das Alturas, a fim de nos servir e salvar?

— Sim — gemeu o interpelado.

— Então, meu filho, volte ao princípio e retifique a própria senda. O Pai concedeu a você uma saúde harmoniosa. No entanto, por que asfixiou os rins com os "drinques" irritantes? Em que se baseou para consumir largas forças em noitadas de prazer sem significação? Ainda é tempo de reconstruir. Esqueça os venenos diários que lhe desgastam as energias, lentamente, através de um copinho aparentemente sem importância, e imprima ritmo regular à sua experiência de homem na Terra. Procure, outrossim, as boas graças da família, assinando um armistício de boa vontade. Você alude ao abandono dos parentes, mas não se refere ao escárnio que votou a todos eles, quando a sua posição melhorou no banco em que trabalhava. Esqueceu facilmente os deveres de solidariedade fraternal e chega ao ponto de acusar os outros? Regresse, qual filho pródigo, e revele sincera humildade diante de todos. Peça desculpas para as suas faltas; seja carinhoso e bom... Quanto à esposa, que dizer? Você olvidou a tirania doméstica de que seu coração voluntarioso abusou vastamente? A mulher, sentinela de seu lar e mãe de seus filhos, não é um animal que deva ser tratado a dinheiro e palavrões. Decorridos mais de três lustros de sacrifício incessante, a pobrezinha não resistiu e afastou-se... Procure-a, nutrindo verdadeiro arrependimento pelos seus erros voluntários e involuntários! Penitencie-se. Peça perdão pelo passado de sombras e guarde suas lágrimas a fim de selar junto dela seus novos compromissos de redenção. Quanto ao seu campo de serviço, se você deseja orientar-se em Jesus, torne ao seu chefe e rogue-lhe desculpe o seu procedimento impensado. Busque agir na pauta dos homens corretos, sem trair as obrigações de gentileza e reconhecimento para com quem se fez credor de seu respeito, carinho e gratidão.

O consulente sofredor enxugou o pranto, talvez ferido no amor-próprio, e, depois da palavra do orientador encerrando a reunião em sentida prece, dispersou-se o grupo, notando eu, porém, que o cavalheiro, declaradamente tão infeliz, não pronunciou nem mais uma frase...

~ 15 ~
O candidato apressado

Quando Tiago, filho de Zebedeu, seguia o Mestre, a pequena distância, junto às margens do Jordão, eis que se aproxima jovem e piedoso senhor de terras, interessado em aderir ao Reino do Céu.

Resoluto, avançou para o Apóstolo e indagou:

— Em verdade, o Messias é portador de uma Boa Nova?

O seguidor do Nazareno, mostrando imensa alegria no olhar cândido e lúcido, informou feliz:

— Sim, é o mensageiro da Vida eterna. Teremos, com Ele, o mundo renovado: nem opressores, nem vítimas, e sim irmãos, filhos do mesmo Pai...

— A que lema Ele obedece? — inquiriu o rapaz, dono de extensa propriedade.

— O amor a Deus, acima de tudo, e ao próximo como a nós mesmos — respondeu Tiago, sem titubear.

— E a norma de trabalho?

— Bondade para com todos os seres, inclusive os próprios inimigos.

— O programa?
— Cooperação com o Pai supremo, sob todos os aspectos, em favor do mundo regenerado.
— O objetivo?
— Felicidade para todas as criaturas.
— Que diretrizes estatui para os momentos difíceis?
— Perdão extenso e sincero, esquecimento do mal, auxílio mútuo, fraternidade legítima, oração pelos adversários e perseguidores, serviço desinteressado e ação altruística sem recompensa, com absoluta perseverança no bem, até ao fim da luta.
— Espera vencer sem exército e sem armas?
— O Mestre confia no concurso dos homens de boa vontade, na salvação da Terra.
— E, mesmo assim, admite a vitória final?
— Sem dúvida. Nossa batalha é a da luz contra a sombra; dispensa a competição sangrenta.
— Que pede o condutor do movimento, além das qualidades nobres mais comuns?
— Extrema fidelidade a Deus, num coração valoroso e fraterno, disposto a servir na Terra em nome do Céu.

O moço rico exibiu estranho fulgor nos olhos móveis e perguntou, após ligeira pausa:
— Acredita possível meu ingresso no círculo do Profeta?
— Como não? — exclamou Tiago, doce e ingênuo.

E o rapaz passou a monologar, evidenciando sublime idealismo:
— Desde muitos anos, sonho com a renovação. Nossos costumes sofrem decadência. As vozes da Lei parecem mortas nos escritos sagrados. Fenece o povo escolhido, como a erva improdutiva que a Natureza amaldiçoa. O romano orgulhoso domina em toda parte. O mundo é uma fornalha ardente, em que os legionários consomem os escravos. Enquanto isto, Israel dorme, imprevidente, olvidando a missão que Jeová lhe confiou...

Tiago assinalava-lhe os argumentos, deslumbrado. Nunca vira entusiasmo tão vibrante em homem tão jovem.

— O Messias nazareno — prosseguiu o rapaz, em tom beatífico — é o Embaixador da Verdade. É indispensável segui-lo na santificação. O Templo de Jerusalém é a casa bendita de nossa fé; entretanto, o luxo desbordante do culto externo, regado a sangue de touros e cabritos, obriga-nos a pensar em castigo próximo. Cerremos fileiras com o Restaurador. Nossos antepassados aguardavam-no. Aproximemo-nos dele, a fim de executar-lhe os planos celestiais.

Demorando agora o olhar na radiante fisionomia do filho de Zebedeu, acrescentou:

— Não posso viver noutro clima... Procurarei o Messias e trabalharei na edificação da nova Terra!...

Desvencilhou-se do cabaz de uvas amadurecidas que sustinha na mão direita e gritou:

— Não perderei mais tempo!...

Afastou-se, lépido, sem que o discípulo do Cristo lhe pudesse acompanhar as passadas largas.

Marcos, o evangelista, descreve-nos o episódio, no capítulo dez, encontrando-se a narrativa nos versículos dezessete a vinte e dois.

Pôs-se o rapaz a caminho e chegou, correndo, ao lado de Jesus. Arfava, cansado. Pretendia imediata admissão no Reino do Céu e, ajoelhando-se, exclamou para o Cristo:

— Bom Mestre, que farei para herdar a Vida eterna?

O divino Amigo contemplou-o, sem surpresa, e interrogou:

— Por que me chamas bom? Ninguém é bom, senão um, que é Deus.

Diante da insistência do candidato, indagou o Senhor quanto aos propósitos que o moviam, esclarecendo o rapaz que, desde a meninice, guardara os mandamentos da Lei. Jamais adulterara, nunca matara, nunca furtara e honrava pai e mãe em todos os dias da vida.

Terminando o ligeiro relatório, o jovem inquiriu aflito:
— Posso incorporar-me, Senhor, ao Reino de Deus?
O Mestre, porém, sorriu, e explicou:
— Uma coisa te falta. Vai, dispõe de tudo o que te prende aos interesses da vida material, dando o que te pertence aos necessitados e aos pobres. Terás, assim, um tesouro no Céu. Feito isto, vem e segue-me.

Foi, então, que o admirável idealista exibiu intraduzível mudança. Num momento, esqueceu o domínio romano, a impenitência dos israelitas, o sonho de redenção do templo, a Boa Nova e o mundo renovado. Extrema palidez cobriu-lhe o rosto, e ele, que chegara correndo, retirou-se, em definitivo, passo a passo, muito triste...

~ 16 ~
A perda irreparável

À frente dos candidatos à nova experiência na carne, o instrutor espiritual esclarecia, paternalmente:

— Não percam a tranquilidade em momento algum, na reconstrução do destino. Em plena atividade terrestre, é imprescindível valorizar a corrigenda. O erro não pode constituir motivo para o desânimo absoluto. O desengano vale por advertência da vida e, com a certeza do infinito bem, que neutraliza todo mal, após aproveitar-lhe a cooperação em forma de sofrimento, o Espírito pode alcançar culminâncias sublimes. O Pai somente concede a retificação aos filhos que já se apropriaram do entendimento. Usem, pois, a compreensão legítima, em face de qualquer provação mais difícil. A queda verdadeiramente perigosa é aquela em que nos comprazemos, entorpecidos e estacionários. Reerguer-se, por recuperar a estrada perdida, será sempre ação meritória da alma, que o Tesouro celeste premiará com o descortino de oportunidades santificantes. A serenidade deve presidir aos mínimos impulsos de vocês na tarefa próxima. Sem as fontes da ponderação individual, o rio da paz jamais fertilizará os continentes da obra coletiva. É indispensável, por isso, recordar o caráter precário de toda posse na ordem material. O tempo, que é fixador da glória dos valores eternos, é corrosivo de todas as organizações passageiras, na Terra e noutros mundos. Todas as formas, com base na substância variável, perecerão no que se refere à máscara transitória, dentro dos jogos da expressão.

Conservando-se atentos aos imperativos de marcha pacífica, não se esqueçam, sobretudo, de que todo o equipamento de recursos humanos é substituível. Todos os quadros que vocês integrarão se destinam ao processo educativo da alma. Em breve, estarão soterrados nos séculos, como todos os espetáculos de que participamos nas paisagens que se foram...

A lei de substituição funciona diariamente para nós todos.

Cada testemunho incompleto, cada lição imperfeita, serão repetidos tantas vezes quantas forem necessárias.

A própria Natureza, na crosta do mundo, instruí-los-á referentemente ao vaivém das situações e das coisas.

Primavera e inverno renovam-se para a comunidade dos seres terrestres, nos diversos reinos, há milhares de anos. As influências lunares se rearticulam, de semana a semana, difundindo o magnetismo diferente da luz polarizada. Nos círculos planetários, infância, juventude e velhice dos corpos funcionam igualmente para todos.

Qual ocorre na zona das formas temporárias, prepondera a substituição na ordem espiritual.

Quem não dispõe de parentes consanguíneos, com boa vontade encontrará família maior nos laços humanos.

Se vocês não puderem suportar o clima de uma bigorna, encontrarão acesso à carpintaria e, em qualquer casa de ação edificante, desde que se inspirem no ideal de servir, serão aquinhoados com as possibilidades de realizar intensivamente, na sementeira e na seara do bem.

Luz acima

Nas Artes e nas Ciências, receberão todos vocês a bênção de aprender e reaprender, de experimentar e recapitular incessantemente.

Nas circunstâncias, aparentemente mais duras, ninguém entregue o espírito ao desespero. Tal qual a alvorada que faz a luz resplandecer além das trevas, a oportunidade de reajustamento, reabilitação e ascensão brilhará sempre sobre os abismos nos quais nos precipitemos, desavisados e incautos... Guardem a paz inalterável, porquanto, ao longo do problema esclarecido e do caminho trilhado pelos seres mortais, tudo será reformado e substituído...

O orientador mostrou diferente brilho nos olhos e acrescentou:

— Há, porém, no decurso de nossas atividades uma perda irreparável. Com exceção dos valores prevalecentes na jornada evolutiva, é esse prejuízo a medida que define a distância entre o bom e o mau, entre o rico e o pobre, entre o ignorante e o sábio, entre o demônio e o santo. Semelhante lacuna é impreenchível. Deus dispôs a Lei de tal modo que nem mesmo a justiça dele consegue remediá-la, em benefício dos homens ou dos anjos.

Ante a expectação dos ouvintes, o instrutor esclareceu:

— Trata-se da perda do dia de serviço útil, que representa ônus definitivo, por distanciar-nos de todos os companheiros que se eximem a essa falha.

E enquanto os aprendizes se entreolhavam, admirados, o mentor paternal concluiu:

— Ajudando-nos na preservação da paz, Jesus recomendou-nos: "Contemplai os lírios do campo!". Entretanto, para que não zombemos do profundo valor das horas, foi Ele mesmo quem nos advertiu: "Caminhai enquanto tendes luz!"

~ 17 ~
Remédio contra tentações

Instado por um cristão novo de Jerusalém, que se fazia portador de preciosos títulos sociais, desejoso de ouvi-lo quanto a remédio eficaz contra as tentações, Simão Pedro, já velhinho, explicou sem rebuços:

— Certo homem de Gaza, que amava profundamente o Senhor e lhe observava, cauteloso, os mandamentos, após cumprir todos os deveres para com a família direta, viu-se, na meia-idade, plenamente liberto das obrigações mais imediatas e, porque suas aspirações mais altas fossem as de integração definitiva com o Altíssimo Pai, consagrou-se à contemplação dos mistérios divinos. Recolheu-se à oração e à meditação exclusivas. Extasiava-se diante das árvores e das fontes, perante o lar e o céu, louvando o Criador em cânticos interiores de reconhecimento. Tão maravilhosamente fiel se tornara ao Poder celestial, que as forças divinas permitiram ao Espírito das trevas aproximar-se dele, qual aconteceu, um dia, a Jó, na segurança de sua casa em Huz.

O rei do mal acercou-se do crente perfeito e passou a batalhar com ele, tentando enegrecer-lhe o coração.

Após longos dias de conflito acerbo, o aspirante ao paraíso implorou ao eterno, em soluços, lhe fornecesse recurso com que esquivar-se à tentação. Suplicou auxílio com fervor tão intenso, que o Misericordioso, por meio de um emissário, aconselhou-o a cultivar a terra.

O piedoso devoto atendeu à ordem, rigorosamente.

Adquiriu extensos lotes de chão, preparou sementeiras e adubou-as; protegeu grelos tenros, dividiu as águas com inteligência; tomou a colaboração de regular exército de servidores e, vindo o perverso dominador, tão ocupada lhe encontrou a mente que foi obrigado a adiar a realização dos escuros propósitos.

O aliado de Deus agiu com tanto brilho que, em breve, a propriedade rural de que se fizera fiador converteu-se em abençoado centro de riqueza geral, a produzir, mecanicamente, para a fartura de todos.

Atendida a designação que procedia do Alto, o mordomo voltou a repousar e o malvado se lhe abeirou dos passos, novamente.

Outro combate silencioso e o devoto suplicou a intervenção do Altíssimo.

Manifestando-se, por intermédio de devotado mensageiro, recomendou-lhe o Pai bondoso fiar a lã dos rebanhos de ovinos que lhe povoavam as pastagens, e o beneficiado do conselho celeste observou fielmente a determinação.

Movimentou pessoal, selecionou carneiros, adquiriu teares e agulhas, fez-se credor de larga indústria do fio e, chegando o maligno, notou-o tão ocupado que, sem guarida para provocações, se refugiou a distância, aguardando oportunidade.

O esforço do missionário, em poucos anos, imprimiu grande prosperidade ao serviço fabril, dispensando-o de maiores preocupações.

Reparando-o livre, regressou o gênio satânico e rearticulou-se a guerra íntima.

O aprendiz da fé recorreu à prece e outra vez implorou medidas providenciais ao Doador das Bênçãos.

O Poderoso, exprimindo-se por um anjo, induziu-o a moer grãos de trigo para benefício comum.

Voltou o favorecido ao trabalho e construiu, utilizando o concurso de muita gente, valiosos moinhos, suando, à frente de todos, na fabricação de farinhas alvas. Tornando o dragão das sombras e percebendo-lhe tão grande preocupação na atividade salvadora, retirou-se de novo, constrangido, espreitando ocasião mais oportuna.

Com o êxito amplo do servo leal, novo descanso abriu-se para ele e Satanás retornou, furioso, à batalha pela posse de sua vida.

O piedoso discípulo da salvação refugiou-se na confiança em Deus e o Todo-Amantíssimo, por outro enviado, aconselhou-o a erguer um pomar, em benefício dos servidores que lhe seguiam a experiência.

Retornou o crente ao serviço ativo e tão entregue se achava às responsabilidades novas que o perseguidor se viu na contingência de retroceder, na expectativa de ensejo adequado.

A fidelidade conferiu ao trabalhador operoso novas bênçãos de merecida prosperidade e o apaziguamento lhe felicitou o caminho.

Quando se fixava o crente, despreocupado e feliz, na beatitude, a fim de melhor agradecer as dádivas divinas, eis que ressurge o maldito, convocando-o a retomar o duelo oculto.

O devoto, entretanto, compreendendo, por fim, as lições do Senhor, não se internou em novas rogativas. Envolveu-se no serviço útil ao mundo e aos semelhantes, até ao fim de seus dias, quando partiu da Terra ostentando a coroa da eternidade.

O ouvinte sorriu, algo apreensivo, e o velho Pedro, calejado no sofrimento e no sacrifício, terminou, muito calmo:

— O único remédio seguro que conheço contra as tentações é o mergulho do pensamento e das mãos no trabalho que nos dignifique a vida para o Senhor.

E deu por finda a fraternal entrevista.

~ 18 ~
O devoto incompreensível

Ante o céu claro-escuro do crepúsculo, o devoto extasiado rogava ao Altíssimo:
— Senhor, abri-me os celeiros da prosperidade espiritual! Preciso crescer mentalmente, para servir-vos. Sinto, Pai, que minhas forças jazem adormecidas... Que fazer por elevar-me? Disponho de elementos materiais suficientes com que prover às exigências da vida. No entanto, no fundo, reconheço-me desalentado e abatido... Quero vibrar em vosso infinito amor, dedicar-me à procura infatigável de vossos dons de sabedoria; contudo, intimamente, demoro-me na indecisão do viajante que se vê desamparado sob a neblina espessa... Ó Magnânimo Pai, não me deixeis dormitar à margem do caminho... Não sou ignorante das coisas sagradas. Sei que é imprescindível trabalhar na iluminação de nós mesmos para que o mundo seja finalmente redimido... Estou informado de que a vossa vontade impera sobre a nossa, mas aprendi, desde muito tempo, que a nossa colaboração individual é indispensável na execução dos programas

salvadores. Todavia, como avançar se me faltam recursos ao espírito? Ajudai-me na superação de mim mesmo; auxiliai-me a rasgar a venda que me impede a contemplação de vossa gloriosa luz, impressa em todos os quadros da vida. Não me desampareis. Sou vosso. Pertenço-vos. Dilatai-me o entendimento, dai-me ocasião de revelar o aproveitamento das bênçãos que já me concedestes, facilitai-me a demonstração das dádivas com que me aquinhoastes. Aguardo-vos a manifestação paternal, descerrai para mim as fontes da graça, a fim de que minha compreensão se expanda e cresça. Sejam executados os vossos desígnios!...

Recordando a saudação do anjo, na formosa narrativa do evangelho de Lucas, repetiu o pensamento de Maria:

— Cumpra-se no escravo a vontade do Senhor!...

Depois da prece, levou o lenço aos olhos e enxugou as lágrimas que a contrição lhe trouxera.

A noite começava a enfileirar constelações no campo celeste.

Retomou, então, o caminho do lar, reconfortado. Orara com fervor e aguardava a bênção divina para o próprio engrandecimento.

Antes, porém, de transpor o jardim doméstico, eis que a esposa, aflita, vem ao encontro dele.

Um dos filhos, molestado por estranha cólica e atendido pelo médico, submeter-se-ia a delicada intervenção cirúrgica, em breves horas.

Atordoado, como se alguém lhe houvesse desfechado tremendo golpe no crânio, não voltara ainda a si, quando um servidor de confiança, palidíssimo, se lhe postou à frente, notificando que o maior depósito de algodão de sua propriedade fora inexplicavelmente incendiado. Não puderam situar a procedência do fogo que lavrara, implacável, enquanto encontrou combustível.

O devoto fez força para não cair. O sangue concentrava-se-lhe no cérebro, aos borbotões. Estava muito distante do próprio domínio. A mente vagueante parecia incapaz de exercer qualquer direção construtiva sobre o pequeno mundo fisiológico...

Contudo, não movera os pés. Nesse comenos chega, suarenta, velha tia, excessivamente nervosa, comunicando-lhe que o pai agonizava em cidade próxima...

O devoto esqueceu que a Bondade divina podia curar-lhe o filho, conferir-lhe novo algodoal mais rico e mais extenso e proporcionar merecido repouso ao cansado genitor que, de há muito, lutava e padecia na Terra. Num minuto, aquele homem se transformou. Ele, que rogara do Céu recursos para iluminar-se, para dilatar-se mentalmente, para crescer em conhecimento e virtude e engrandecer-se para a vida imperecível, em vez de receber os testes divinos, com fortaleza e serenidade, a fim de melhor e mais plenamente aproveitar a oportunidade de elevação, gritou, acabrunhado:

— Onde está Deus que me não ouve as orações? Sou um desventurado, o mais infeliz dos homens!...

E caiu no leito, vencido, quando a luta apenas começava, fugindo às possibilidades de crescimento espiritual para cair nos sedativos dum médico.

Registrando-lhe a experiência, de perto, na condição de amigo desencarnado, reconheci que quase todos os crentes, ao suplicarem a proteção do Céu, não pretendem, no fundo, respirar o clima superior da Verdade e da Luz... O que pleiteiam, sem dúvida, é a posição de orquídeas na estufa celeste.

~ 19 ~
O oráculo diferente

— Meu feiticeiro do Velabro — informava Túlia Prisca à mulher de Cusa, em Cafarnaum — é prodigioso. Imagina que venho à Judeia a conselho dele, interessado em minha felicidade. É oráculo dos melhores! Trouxemo-lo da Acaia, na derradeira viagem que meu tio, o procurador Amiano, por lá realizou em missão administrativa. Lê os presságios e sabe, antecipadamente, quem vencerá em qualquer dos jogos no circo. Descobre criminosos e indica, com absoluta precisão, o local a que se acolhem objetos perdidos.

Joana, que a ouvia, atenciosa, mostrava singular estranheza na expressão fisionômica.

Após ligeira pausa, continuou a patrícia, piscando os olhos:

— Druso, meu marido, apaixonou-se por Mécia, a esposa de Flácus. O ciúme estrangulava-me o coração. Tentei abrir as veias e morrer, mas Tissafernes, o meu mago, resolveu o problema. Aconselhou-me a viagem de recreio e assegurou-me que outros homens simpatizariam comigo, como vem acontecendo. Deixei os filhinhos com as velhas escravas e a galera solucionou o resto. Tenho gozado bastante e, quando voltar, se Mécia insistir na intromissão, o encantador fabricar-me-á decisivo unguento. Ficará mais feia que as bruxas do Esquilino.

Longo intervalo caiu sobre a conversação. Contudo, a ilustre forasteira prosseguiu:

— Joana, talvez não me conheças suficientemente. Devo confessar-te, porém, que gosto de consultar os feiticeiros de qualquer condição. Ouvi falar de um deles, que se torna famoso nesta província. Sei que lhe frequentas a roda. Não poderás conduzir-me ao mago nazareno?

A interpelada fez o possível por esquivar-se. Não lhe cabia perturbar o Mestre com visitas levianas e inúteis. No entanto, a insistência venceu a relutância. E, em breves minutos, Jesus recebia-as na modesta residência de Pedro.

No olhar dele pairava a melancolia sublime de quase sempre. A jovem matrona intimidou-se. Aquele homem não se nivelava aos vulgares ledores de sorte. De sua fronte partiam forças incompreensíveis que lhe impunham respeito. E não soube tratá-lo senão por "Senhor", copiando a reverente atitude da amiga. Não conseguia dissimular o próprio assombro. O Nazareno parecia ignorar-lhe a elevada posição hierárquica. Não se biografava. Não comentava os êxitos que lhe assinalavam a passagem junto do povo. Encarava-a, de frente, sem falsa superioridade e sem servilismo. E como o trabalhador seguro de si, atento ao quadro das próprias obrigações, esperou que a visitante declinasse os motivos que a traziam.

Constrangida pelo inesperado, indagou com desapontamento:

— Senhor, conheceis o mago Tissafernes, que nos serve a casa?

Jesus entreabriu os lábios, num sorriso amoroso, e respondeu:

— Existem adivinhos em toda parte...

Confundida pela observação inteligente, Túlia receou novo mergulho no silêncio e acrescentou:

— Venho até aqui, buscando-vos o concurso...

— Que deseja de mim? — perguntou o Mestre, sem afetação.
— Meu marido desviou-se do meu devotamento. Tenho sofrido amarguras que os servos mais desprezíveis não conhecem. Que dizeis a isto, Senhor?
— Que a dor bem compreendida é uma luz para o coração...
— Oh! mesmo quando somos ofendidos?
— Sim.
— Não deveremos revidar?
— Nunca.
— E a justiça?
— A justiça é uma árvore estéril se não pode produzir frutos de amor para a vida eterna.
— Desejais dizer que, se meu esposo desvaira, cumpre-me pagar por ele?
— Não tanto. A felicidade é impraticável onde não haja esquecimento das culpas.
— Insinuais que devo perdoar a meu esposo?
— Tantas vezes, quantas forem necessárias.
Túlia, irritada, descontrolou-se e observou:
— Druso é um devasso. Tem sido implacável algoz. Compete-me respeitá-lo e amá-lo, mesmo assim?
— Por que não? — tornou o Mestre. — Quem não sabe renunciar aos próprios desejos, dificilmente receberá o dom divino da alegria imperecível.
— Cabe-me, então, voltar, reassumir a governança doméstica e retomar a responsabilidade da educação de meus filhos, como o animal que se deixa atrelar ao carro insuportável?
— No sacrifício reside a verdadeira glória — disse Jesus, imperturbável.
— Oh! — reclamou a patrícia desencantada — Tissafernes, o mago de minha confiança, aconselhou-me o recreio, a alegria... Não posso duvidar dele. É um oráculo completo. Tem respostas infalíveis; vê os nossos deuses e ouve-os sempre...

Fixando o Senhor, espantadiça, objetou:

— Admitis, porventura, esteja ele errado?

O Mestre sorriu e respondeu:

— A voz de nossa consciência não pode concordar invariavelmente com a opinião dos melhores amigos. O dever é mais imperioso que os presságios de qualquer adivinho.

— E não tendes novidades para mim? Venho de tão longe e não me agradais? Que mensagem recolherei na visita?

— Rogo ao Pai — disse Jesus, muito sereno — que a ilumine e abençoe.

Nesse instante, Joana apresentou as despedidas.

E lá fora, conturbada talvez pela imensa claridade do céu, casada aos reflexos diamantinos do lago, a nobre romana falou, desapontada:

— É... decididamente, este oráculo não é o mesmo...

~ 20 ~
Em resposta

Insurge-se você, meu amigo, contra as informações do plano espiritual, relacionando as formas de que nos utilizamos. Espanta-se ao saber que temos domicílio próprio, com todo o equipamento indispensável à vida organizada de quem prossegue evolvendo e aprendendo sempre.

Assegura que materializamos excessivamente as imagens e que nossas páginas não passarão talvez de alucinações da mente mediúnica.

Não estranho sua atitude. Também eu pensaria o mesmo aí na Terra.

Imagine que eu, homem versado na experiência de ganhar e perder, via no mundo o terrível esforço do aluno de primeiras letras, gemendo na articulação do alfabeto, de modo a penetrar, passo a passo, na oficina da ciência; identificava os tremendos conflitos impostos a qualquer profissional digno, interessado em especializar-se, e, no entanto, quando se tratava da morte do corpo, acreditava piamente que a alma do defunto voaria a pleno céu, à procura do trono de Deus. Bastaria o passaporte de alguma religião respeitável e, a meu parecer, o "morto" entraria nos gozos do paraíso. Sabia que os tribunais humanos ministram a justiça com atenuantes e agravantes, segundo as circunstâncias prevalecentes no doloroso drama dos réus e não ignorava que a escala da educação é muito maior que as cinco linhas da pauta musical. Todavia, nunca me passou pela ideia que o nosso aprimoramento continuaria intensivo nestas paragens. Admitia que os "mortos" seriam anjos ou demônios absolutos, exceção dos que fossem detidos no purgatório pela polícia divina, na situação dos soldados que se demoram na "terra de ninguém", porque, para os crentes em geral, o purgatório, entre este mundo e o outro, é uma espécie de Território do Sarre, entre alemães e franceses dos últimos séculos.

Como reconhece, sua concepção de hoje pertenceu-me igualmente, enquanto aí estive.

Nunca pude compreender a experiência corporal na Terra como transitório fenômeno de exteriorização do espírito imperecível; no meu modo de entender, o espírito era projeção do corpo.

Você já viu engano maior?

No entanto, era um equívoco que minha vaidade acalentava zelosamente.

Não desconhecia que sábios ilustres me haviam precedido na estrada do conhecimento, que a sandália dos heróis e dos santos havia mergulhado na poeira planetária muito antes de meus pés doentes; contudo, jamais aceitei outros pontos de vista que não fossem os meus.

O túmulo, porém, impôs-me a arte do reajustamento.

Continuo aprendendo com a ingenuidade do grupo escolar. E rendo graças a Deus pela concessão do ensejo imprescindível.

Não se julgue nas vizinhanças do paraíso e nem nos queira mal por darmos notícias de cidades e instituições, templos e hospitais, árvores e fontes, além do sepulcro...

Quando nossos olhos imóveis recebem o tradicional emplastro de cinzas, verificamos que o céu está mais alto e o horizonte mais longínquo.

Você não aplaudiria o nudismo e acredita que os desencarnados, para serem verdadeiros, não deviam usar vestimenta alguma; estima a bênção do santuário doméstico, na doce e amorosa comunhão dos laços afetivos e admite que, para cultivarmos a realidade universal, cabe-nos a obrigação de adotar regime separatista, vagabundando de esfera em esfera, sem objetivo e sem lar. Agrada-lhe a ordem no grêmio doutrinário a que dedica atenção, mas exige que, em nos comunicando com os "vivos", estejamos na condição dos bandos de vespas e passarinhos.

Não acredite que a sepultura o exonere da responsabilidade individual de prosseguir aprendendo com o bem. Deus é amor; entretanto, a harmonia é a base de suas manifestações, e um pai, a fim de ser amoroso, não deixará de ser justo.

Você sabe que o peixe, para elevar-se das profundezas abismais a que se adaptou, necessita modificar a bexiga natatória. E que fazer com milhões de mentes humanas, estacionadas em processos inferiores da inteligência, incapazes de respirar além da atmosfera densa do vale, se não lhes forem proporcionadas aqui condições de vida análogas ou profundamente análogas às da crosta terrestre?

Não suponha que a morte lhe venha pregar asas nos ombros.

Se, pelo metro evolutivo, ainda não possuímos perfeita estatura humana, como aguardar promoção compulsória ao reino angelical?

Assinalando-lhe os protestos, lembro-me de pequena fábula que o velho La Fontaine não escreveu.

Dizem que uma borboleta brilhante, interessada em preparar a lagarta, diante do futuro, pousou na comunidade em que nascera, com grande escândalo para todo o ninho.

— Em verdade — disse ela — sou membro da família de vocês, guardo fisiologia semelhante e apesar de ir longe, através dos ares, vendo cidades e rios, seres e plantas que vocês não conhecem, continuo sendo um lepidóptero aperfeiçoado... Em breve, vocês serão tal qual sou e, por minha vez, não me distanciarei excessivamente de nossa furna, a fim de cuidar dos interesses de nossos descendentes...

Contudo, não pôde prosseguir. As larvas, de ventre colado ao solo, debandaram sob forte susto. Todas recusaram a mensagem e negaram a mensageira. Isto, no entanto, não impediu o trabalho da Natureza.

A borboleta, em breve, deitava ovos. Dos ovos, nasciam lagartas. As lagartas dormiram em casulos. E dos casulos surgiam borboletas...

~ 21 ~
Tentando explicar

Entre os que protestam contra o nosso correio informativo, alega você impossibilidade de crer em nossos trabalhos salvacionistas, com utilização de apetrechos que parecem copiar o material terrestre.

Aqui, referimo-nos a redes luminosas; acolá, descrevemos sistemas defensivos.

Realmente, vocês que ainda permanecem chumbados ao chão do planeta, não devem ser constrangidos a aceitar o que não veem.

Um botânico europeu dá notícias ao colega americano da existência de plantas desconhecidas na região equatorial. O interessado, se deseja certificar-se pessoalmente, concorda com os sacrifícios da viagem e observa por si mesmo. Em nosso caso, não regateamos o noticiário e a viagem para a análise requerida é possível; no entanto, quem se dispõe a pagar o preço, constituído de esforço e aperfeiçoamento na renúncia?

Quase sempre, vocês chegam aqui, como aconteceu a nós mesmos, brutalmente projetados pela morte, à maneira do foguete que os sábios pretendem atirar à face da Lua.

Com referência ao assunto, assevera você que a força mental dos Espíritos desencarnados dispensaria semelhantes recursos e, por fundamentar a assertiva, declara que os seus doentes psíquicos, obsidiados por entidades perversas, cedem perfeitamente às suas emissões magnéticas, no uso da oração.

Não duvido de suas possibilidades regeneradoras e curativas. Habituou-se, porém, você, aos cálculos da multiplicação?

Admite, porventura, que a força suscetível de ser colhida na queda de um regato seja idêntica ao potencial da cachoeira?

Transfira essa imagem para as energias associadas do mal e faça a conta.

Provavelmente, lembrará que nos compete canalizar os recursos do bem com intensidade maior e mais vigorosamente. Creio que acabaremos agindo assim, mas, por enquanto, de minha parte, sou obrigado a confessar que, depois de muitos séculos, somente agora me sinto impulsionado para o bem legítimo.

A seu parecer, o milagroso *fiat* do Gênesis estaria em nossas mãos, logo após as peripécias do transe final do veículo físico.

A potência mental de alta voltagem, no entanto, não é obra improvisada.

Refere-se aos serviços de magnetismo curador em sua casa de saúde, como se tudo representasse simples realização da vontade pessoal. O trabalho para você é um jogo mecânico entre seus desígnios e suas energias.

Efetivamente, seu concurso é precioso.

Que seria das grandes cidades, habituadas às vantagens do serviço elétrico, se a tomada humilde se negasse à ligação com a usina?

Quando administra os benefícios espirituais aos necessitados, você não pode ver a multidão invisível, agrupada em torno de sua prestimosa colaboração: nem os desencarnados em desequilíbrio que lhe aproveitam o concurso fraterno, nem os benfeitores generosos que se utilizam de suas mãos, de seu pensamento e de sua boa vontade. Em razão disso, a prece e o devotamento aos semelhantes constituirão seus pontos de apoio invariáveis, uma vez que seus olhos mortais não podem identificar toda a extensão do quadro, sem grave dano para o seu equilíbrio na tabela de lutas salutares da reencarnação. Aceite ou não a verdade, você não pode agir sozinho. Ainda que dispense a cooperação das entidades amigas, sempre que sua consciência honesta estiver no socorro ao próximo, permanecerão elas em sua companhia. Quando não seja por você, será pelos necessitados.

Além disso, parece-me que você ainda não estudou, pacientemente, o problema alusivo aos lugares de cura. Diz-nos o dicionário que o hospital é um estabelecimento de cuidado aos enfermos. Entretanto, existem centros dessa natureza que são favoráveis e desfavoráveis.

Desdobra-se-lhe a contribuição numa casa de amor evangélico, ideada no plano superior e vagarosamente materializada na Terra. Trabalhadores encarnados e orientadores desencarnados nela encontram, por isto, ampla esfera de vibrações adequadas, com base segura na simpatia e na confiança. Pessoalmente, porém, estive, nos últimos tempos, em vários hospitais desfavoráveis. Refiro-me a alguns "campos de concentração" da guerra europeia. Essas instituições agrupavam enfermos de todos os matizes. Milhares de vítimas, flageladas e atormentadas, e centenas de carrascos, de mistura com incalculável número de Espíritos desligados do envoltório terreno, em doloroso desequilíbrio. Creia que a nossa colaboração mental — e aqui me reporto a companheiros infinitamente superiores ao modesto servidor que lhe escreve estas linhas — era reduzidíssima, em relação às emanações do ódio que ali imperava monstruosamente. O campo estava repleto de obsidiados, mas... a zona era desfavorável.

Naturalmente, você interrogará:

— Por quê? Por que motivo não se impõe o superior sobre o inferior?

Respondendo, apenas direi que passou pelo mundo Alguém, cuja força mental, renovadora e divina, levantava paralíticos e restituía a visão aos cegos. Impunha respeito aos seres das trevas com a sua simples presença e chegou a devolver o tônus vital a corpos cadaverizados. Trouxe à Terra a maior mensagem do Céu e, um dia, em se vendo cercado pelos semelhantes, obcecados de inveja e ciúme, incompreensão e egoísmo, orgulho e ódio, ingratidão e indisciplina, injustiça e maldade, recolheu as energias sublimes e infinitas para dentro de si próprio, e entregou-se à cruz do sacrifício sem defender-se.

Se você me perguntar o motivo, francamente, não saberia responder.

Admito que o Embaixador Excelso, assim procedendo, fixou a lição da necessidade do Reino de Deus no coração humano.

Cada homem, filho do Criador e herdeiro da Eternidade, há de crescer por si, aprimorando-se e elevando-se, usando a vontade e a inteligência. Cada criatura deverá a si própria o céu ou o inferno em que se encontra.

Recordo-me que o divino Crucificado ensinou, certa feita:

— O Reino celeste está dentro de vós!

Quem não desejar descobri-lo em si mesmo, alcançará a posição do enfermo que se nega a todos os processos de cura. Para um doente dessa espécie, médicos e remédios não têm razão de ser.

Quanto ao nosso material socorrista e às nossas milícias, às nossas turmas de vigilância e organizações que honram a hierarquia e a ordem, o trabalho e a evolução, nos quadros do mérito e da justiça, tudo isso é do nosso regimento doméstico. Até que vocês se reúnam a nós, pelo golpe inevitável da morte, acreditarão em nossos informes se quiserem, mesmo porque, de acordo com a velha filosofia popular, quem dá o que pode, a mais não é obrigado.

~ 22 ~
Alegação justa

O grande orientador espiritual, de palestra com alguns amigos, enunciava expressivas considerações.

— Como vocês todos sabem — alegou, justiceiro —, os companheiros encarnados, desde tempos imemoriais, vêm à nossa esfera, à procura de modelos para as atividades na crosta do mundo. A massa preguiçosa, exclusivamente interessada no câmbio das emoções físicas, jamais se moveu nesse sentido, porque recebe sem discutir as medidas que lhe são impostas. Todavia, os homens ativos e inteligentes, sempre que podem, largam envoltórios pesados e reclamam-nos a colaboração. Estudam-nos os serviços, quanto lhes é possível e examinam-nos os institutos evolutivos. Aliás, possuímos instruções especiais para facilitar-lhes semelhante acesso, tanto quanto somos autorizados a subir, mais além, buscando a inspiração de nossos maiores.

Revelando infinita benevolência no olhar, fez longa pausa e prosseguiu:

— Ministros da fé, administradores de bens públicos, cientistas e artistas, condutores do pensamento e da cultura da humanidade encarnada, sequiosos de renovação em benefício dos contemporâneos, toda vez que se mostram à altura dos títulos de que são detentores, apressam-se em granjear-nos o concurso espiritual. Nem sempre sabem o que desejam e somos compelidos a agir com eles à moda dos professores de primeiras letras nos jardins de infância. Suportamos-lhes os impulsos intempestivos, sem dar-lhes tabefes, e determinamos horas adequadas para as lições. Logo que se afastam do corpo, em desligamento provisório pela influência do sono, congregamos os mais aptos ao progresso intelectual, no serviço de preparação desejável. Usualmente descobrem inúmeras dificuldades para compreender-nos, apontando contínuos obstáculos a fim de manobrarem convenientemente com a memória. Muitos recebem colaboração nossa durante vinte, trinta, cinquenta anos, e acabam surpreendidos pela morte, sem cumprirem um só item das compridas promessas que nos hipotecam. Alguns, contudo, bem-intencionados e persistentes, atravessam óbices, ultrapassam fronteiras, quebram cadeias e nos fixam os ensinamentos, convertendo-se em vanguardeiros do tempo em que se fazem visíveis na crosta planetária. Tornam-se, por via de regra, combatidos pelos irmãos ociosos, porque os indolentes hostilizam os servidores leais, em todas as épocas. Muitos desses amigos perseverantes acabam martirizados, conforme aconteceu ao próprio Cristo, nosso Senhor; todavia, chega a ocasião em que as ideias deles se fazem louvadas e aproveitadas. Para companheiros dessa qualidade, nossas portas vivem abertas. Estudam conosco, desde o problema do alimento ao da mais alta distribuição de justiça. Carreiam daqui para a Terra todas as migalhas de luz que podem arquivar no campo mental, medianamente evolvido, como ocorre às abelhas operosas que transportam para a colmeia a quantidade de essências, segundo a capacidade que lhes é própria. É assim que, observando-nos os códigos de direito, por lá fizeram leis de acordo com as suas inclinações pessoais, instituições essas que vão progredindo gradativamente na direção da Justiça universal. Esses bandeirantes do idealismo superior, em moldes idênticos, ergueram templos religiosos, aprimoraram a ciência, iluminaram a filosofia, instalaram a indústria e aperfeiçoaram o comércio. De quando em quando, as massas recordam a animalidade primitiva, regridem nos impulsos, abrem-se aos gênios satânicos da destruição e atiram-se umas contra as outras, por meio de embates sanguinolentos; mas, dominadas pelos homens superiores que nos visitam, acabam sempre por ensarilhar as armas, reconstruindo as cidades, recompondo a economia e reajustando raciocínios, atraídas novamente para os nossos círculos de ação. Entrementes, os vanguardeiros do progresso se reúnem por intermédio de acordos e conferências, para novos juramentos a Deus, exaltando os mais elevados símbolos da dignidade humana e buscando-nos, incessantemente, os serviços. Raros perguntam de onde lhes vêm os valores da intuição e a maioria costuma classificar de fantasia a nossa colaboração.

O elucidador fixou significativa expressão fisionômica e aduziu:

— Colocavam-nos, antigamente, na galeria dos deuses, e éramos conhecidos por Musas. A verdade é que, desde os primórdios da vida planetária, trabalham na cópia geral dos nossos modelos. Jamais conseguem imitar-nos convenientemente. Admiram-nos as torres luminosas e constroem edifícios escuros a que chamam arranha-céus. Observam-nos os caminhos floridos e brilhantes e traçam duro leito de pedras no chão, a fim de cuidarem da fraternidade. Contemplam-nos as utilidades graciosas e leves e improvisam máquinas pesadas, a exsudarem combustível malcheiroso e a lhes ameaçarem a vida corporal a cada momento. Semelhante situação, porém, é justificável. O escultor poderá guardar maravilhosa ideação; mas, para exteriorizá-la, dependerá do material acessível às suas mãos e convenhamos que a condensação de fluidos na crosta da Terra se caracteriza por aflitiva dureza.

O orientador parou, movimentou a cabeça expressivamente e concluiu:

— Até aqui, tudo lógico, tudo razoável... Acontece, porém, que nos últimos tempos alguns de nossos companheiros deram notícias de nossas organizações aos homens encarnados. E sabem o que se verificou? Há grande barulho, em torno de nossos correios. Os próprios copistas de nosso esforço respiram imensa revolta. Dizem que não temos personalidade, que os "mortos" são plagiadores dos "vivos", que nossas cidades, leis, instituições e equipamentos, que toda a nossa multimilenária estrutura de ordem e trabalho não passa de reflexo da cultura deles. Se pudessem, moveriam ação judicial contra nós, junto aos gabinetes da engenharia divina... Não julgam tudo isso espantoso e incompreensível?

Ninguém respondeu; mas, porque o nobre instrutor sorrisse francamente, a nossa gargalhada geral se espalhou, envolvente e cristalina.

~ 23 ~
Carta despretensiosa

Meu caro. Recebi seus apontamentos.

Sei que me não aceitará a resposta com o desejável entendimento. Se ainda me guarda na lembrança, não me tolera a sobrevivência.

Ler-me-á as palavras, longe daquele acolhimento afetivo da época em que me afundava num escafandro igual ao seu, sob o denso mar do oxigênio terrestre.

Receber-me-á o esforço de agora com extremo espírito crítico. Buscará saber, antes de mais nada, se empreguei os verbos acertadamente e se pontuei a missiva com a elegância necessária.

Provavelmente dirá que meus recursos empobreceram, que minha argumentação não convence.

Vamos, contudo, às suas ponderações.

Afirma você que os Espíritos desencarnados, pelo noticiário que fornecem ao mundo, se movimentam num plano absolutamente irreal. A seu ver, moramos em casas ilusórias, cuidamos de instituições que não existem, colhemos flores e frutos de mentira e pairamos, como sombras, num campo de fantasia. E acrescenta que, para ajuizar de nossa situação, toma por base o mundo em que pisa. Na apreciação que lhe orienta os conceitos, a esfera em que você ainda respira é a mais sólida de toda a estruturação universal. Coisa alguma sofre modificação ao redor de seus passos, segundo a posição especialíssima em que se coloca.

Se me demorasse por aí, talvez experimentasse amnésia idêntica. Basta dizer-lhe que enquanto carreguei o fardo benéfico da carne era eu perfeito desmemoriado em relação aos meus próprios defeitos. E, quanto às minhas necessidades essenciais, nunca atentei para o tempo que corria, célere, em torno de mim.

Quando os amigos me atiraram terra e cal ao corpo inerme, foi que meditei na transitoriedade das situações e das coisas. Reportei-me então à infância distanciada e revi nossa aldeia do Norte, perseguida pela areia invasora. Casario e arvoredo converteram-se, pouco a pouco, num montão de ruínas. Companheiros de jogos infantis desapareceram. Alguns haviam partido à procura de cidades fascinantes, outros jaziam submersos na neblina da sepultura. Reajustou-se-me a memória, gradativamente, e tornei, pelos olhos da imaginação, à casa que me viu nascer. A morte brandira, ali, sua foice enorme, a torto e a direito. A doença lavrara por lá, copiando o fogo em pastagem alcantilada. Transformações não tinham conta. O padeiro falecera de uma noite para o dia, vencido por um insulto cerebral. A lavadeira que residia em frente de nós, mulher robusta e desassombrada, repentinamente passou a usar muletas, em razão da perna quebrada. Nossos vizinhos, de tempos a tempos, trajavam rigoroso luto, homenageando parentes mortos; e até o padre mais velho, que despendia semanas transmitindo-nos o catecismo, certa manhã se deixou transportar para o cemitério, quando menos esperávamos.

Tudo se modificava, de hora a hora, até que nos separamos a fim de rever-nos, mais tarde, na Capital da República.

Você fazia o possível por ocultar os males do estômago e eu dissimulava habilmente as perturbações do sistema endócrino.

Seu rosto não era o mesmo. Rugas surpreendentes marcavam-no todo. Seus cabelos, que conheci finos, sedosos e abundantes, estavam ralos e encanecidos. Seus olhos fitavam-me com firmeza, todavia, injetados de sangue. As mãos bem cuidadas não mostravam a despreocupação do princípio; entretanto, revelavam-se pesadas e grossas, exibindo veias salientes.

Certo você notou profunda mudança em mim, mas a gentileza lhe asfixiou as observações pessimistas que procurei calar igualmente por minha vez.

E as moças que cortejáramos noutra época, enlevados na paisagem do berço? Algumas delas, no Rio, embalde tentavam recursos contra a jornada implacável da Natureza. Eram quase irreconhecíveis. Odontólogos exímios não lhes restauravam a boca que namoramos, embevecidos, nos primeiros arroubos da juventude. Surgiam na avenida, assim como nós ambos, procurando farmácias para o reumatismo iniciante.

A morte, meu caro, teve o condão de acordar-me as reminiscências. E considerando a amizade que sempre nos ligou, no cenário humano, rememoro, saudoso, sua própria felicidade longínqua... Não ignoro que você perdeu os pais, a esposa inesquecível e o filho mais novo que lhe era particularmente querido pelas afinidades sentimentais. Em dez anos, você mudou de residência quinze vezes, procurando alívio para o coração angustiado, irremediavelmente enfermo...

Seus olhos permanecem fixos no pretérito e, identificado com a sua dor de peregrino, cheio de ouro e vazio de paz, lembro-me, saudosamente, até mesmo de seu belo papagaio que nos divertia, faz quase 30 anos, gritando os nomes de políticos influentes da hora...

Desejaria confortá-lo, revivê-lo, mas... você, apesar de batido pelas desilusões e renovações incessantes, está convencido de que vive no plano mais sólido e inamovível do Universo e acredita que eu seja um vagabundo invisível a contar anedotas destinadas à ingenuidade humana.

Você, homem de carne e osso, declara-se imutável e assevera que não passo de sombra a voltar do país da morte.

Como poderá um fantasma consolar um homem seguro de si, a ponto de julgar-se intangível?

Decididamente, você tem toda a razão.

~ 24 ~
Na esfera dos bichos

Dizem que os macacos contemplavam grande cidade, nela depositando os sonhos para o futuro...

Viviam cansados — clamavam alguns — e queriam repouso. As fêmeas da espécie declaravam-se exaustas. Desde milênios, criavam os filhinhos, amamentavam-nos, sofriam horrores, cobriam-se de humilhações e pleiteavam repouso.

Quem lhes ouvisse as queixas, acompanharia o coro de lágrimas. Os símios mais velhos choravam de meter pena. Afirmavam, sem rebuços, que os conflitos na floresta eram francamente angustiosos e terríveis.

Sem dúvida, a turma despreocupada dos bichos dormia quase o dia inteiro, saboreava os produtos da terra e, quando não via presa fácil, desfrutava a lavoura dos homens com toda a sem-cerimônia. Se o tédio ameaçava, corriam todos para o arvoredo forte e improvisavam verdadeiro parque de diversões na ramaria bordada de flores. Comiam o que não plantavam, valiam-se dos imensos recursos do solo, mas, assim que terminavam as brincadeiras, vinha o rosário de lamentações.

— Não suportamos esta vida! — reclamavam os antigos.

— Renovemos tudo! — desafiavam os novos.

Acabavam as reclamações, observando detidamente a cidade enorme que lhes centralizava as esperanças.

Tornando à gruta selvagem, impunham-se comentários alusivos à modificação. A transferência para a casa do bípede humano era a única medida razoável. Os seres racionais tinham a noite magnificamente iluminada por lâmpadas coloridas. Trajavam roupas brilhantes. Dispunham de residências acolhedoras. Bebiam água gelada, na canícula, e chocolate reconfortante, no inverno. Possuíam palácios de governo, colégios, clubes, imprensa, parques e maquinaria. Gozavam as delícias da inteligência. Respiravam, pois, num céu legítimo.

Urgia, assim, a mudança imediata.

Diante da exigência geral, reuniram-se os chimpanzés mais prudentes e mandaram um macaco velho para fazer os apontamentos locais.

O símio inteligente aproximou-se dos homens e deixou-se prender manhosamente num circo.

Partilhou a experiência dos filhos da razão, durante cinco anos consecutivos. Devorou centenas de bananas, andou por vilas e aldeolas enfeitado de guizos, fez pilhérias notáveis e, certo dia, regressou...

Grande congresso dos companheiros, a fim de ouvi-lo.

As fêmeas da tribo, sustentando os filhinhos, e os monos encanecidos enfileiravam-se à frente de todos.

O emissário apresentou o seu relatório em guinchos solenes. Quase impossível traduzir-lhe a exposição em linguagem humana, todavia, o mensageiro explicou-se, mais ou menos assim, depois das saudações fraternais:

— Vocês pensam que estou voltando de um paraíso e todos aguardam o instante de penetração no reino humano, como se fossem alcançar plena isenção de serviço e responsabilidade. No entanto, laboram em grave erro. Demorei-me cinco anos entre as criaturas que nos são superiores na organização, na conduta e na forma. Realmente, as leis a que se submetem, no continuísmo da espécie e na própria manutenção, não diferem dos princípios que somos constrangidos a obedecer. Criam os filhos com dificuldades análogas às nossas e lutam igualmente com as tempestades e doenças. Quem lhes vê, contudo, o domicílio luxuoso julga-os falsamente, supondo encontrar entre eles o repouso e a alegria sem-fim. Os homens, sem dúvida, são superiores a nós e agem num plano muito mais alto. Entretanto, ai deles se pararem de trabalhar! A natureza que nos cerca lhes invadirá as cidades, destruindo-lhes o encanto e as benfeitorias. Possuem castelos e universidades, carruagens e granjas. No entanto, para alimentarem os valores educativos que os distanciam de nós, são obrigados a respeitar horríveis disciplinas. Não fazem o que desejam, qual nos ocorre na furna. São submetidos a códigos e decretos, com os quais devem consagrar os próprios brios. A guerra entre eles, a bem dizer, é um estado natural. Os piores entregam-se a monstros perigosos, conhecidos pelos nomes de egoísmo e vaidade, ambição e discórdia, e começam a praticar violências calculadas, para dominarem as situações... Em razão disso, os melhores são compelidos a viver armados até às unhas, de modo a se defenderem, preservando as instituições de que se ufanam. A residência deles, indiscutivelmente, é maravilhosa, mas são tantos os problemas inquietantes a torturá-los de perto que, de quando em quando, eles mesmos improvisam chuvas de bombas com que inutilizam as próprias obras, a fim de recapitularem as lições que andam aprendendo com os poderes mais altos da vida. Para manterem o brilho da esfera em que habitam, padecem aflições dia e noite. De fato, são detentores de prodigiosa inteligência e parece-me que subirão muito mais na montanha do progresso que não podemos, por enquanto, compreender. Em compensação, trabalham tanto, sofrem tão largamente e são

obrigados a tamanhas disciplinas que eu, meus irmãos, voltei resignado à minha sorte... Quero a minha gruta barrenta, prefiro nossos costumes e necessidades... o céu dos homens não serve para mim... não suporto... sou um macaco...
Os membros do conclave, porém, cobriram-no de zombaria e pedradas. Ninguém acreditou no mensageiro. Para a bicharia, a cidade dos homens era um ninho celestial, sem deveres e sem lutas, sem dificuldades e sem percalços e, por isso mesmo, a macacada continuou exigindo acesso à esfera humana, com o único objetivo de gozar e repousar.

Escutei a lenda curiosa, estudando-lhe o símbolo.

Não pintará esta história a mesma situação corrente entre os "vivos" e os "mortos" da atualidade?

25
Espíritos doentes

— Onde chegaremos, "seu" Daniel! — exclamava Porfírio, excelente companheiro de lides espirituais — tenho visto muita teoria na Doutrina, muita briga por isso e por aquilo, mas essa ideia de "espíritos doentes" não vai... Como engolir a novidade? Pertencem as moléstias ao corpo, articulam-se na fauna microscópica e devem acabar naturalmente com a extinção dos ossos. Espírito é espírito. Não temos aqui afirmação perfeitamente ortodoxa? Se as enfermidades são transferíveis, então...
— Mas, Porfírio, venha cá! — acentuava o interlocutor, complacente — raciocinemos sobre o assunto. Quem nos despertou para essas realidades não nos disse que a coisa é assim, sem mais nem menos. Nem todas as doenças nos acompanharão e grande número delas, indubitavelmente, não passará do sepulcro. É inegável, porém, o desequilíbrio da mente e, em semelhante desarmonia, as enfermidades da alma se fazem claramente compreensíveis. Você não pode admitir que um homem, encarcerado na suposição de absoluto domínio, que viva de cometer violências com o próximo,

provocando emissões magnéticas destrutivas ou perturbadoras, venha a achar-se em rigorosa sanidade espiritual, depois da morte, só porque deliberou aceitar o poder da oração *in extremis*. A prece constituir-lhe-á remédio salutar, a empregar-se no início da cura. No entanto, não pode remover, de momento para outro, os espinheiros que tal homem criou para si próprio. Não acredita que o imprevidente e o perverso, desligados do corpo denso, conservarão, por muito tempo, o fruto amargoso da própria sementeira?

O interpelado não se deu por vencido.

— Não — obtemperou, contrafeito —, não posso concordar. Corpo e alma, a meu ver, são essencialmente distintos. A matéria é pó e tudo o que se relaciona com o pó se destina ao chão do planeta. É impossível crer em "espíritos doentes" no outro mundo. A morte é força niveladora. No túmulo, deixaremos todos os motivos de perturbações materiais. Demoramo-nos por aqui, simplesmente em provas expiatórias e a sepultura nos abrirá caminho para os mundos felizes. De outro modo...

Diante das reticências significativas, o amigo renovou as considerações:

— Não lhe apraz, contudo, interpretar nossas lutas, na superfície da Terra, como ensinamentos edificantes? Não se sente, acaso, numa escola de grandes proporções, onde cada aprendiz responde por si, perante orientadores e benfeitores? Admite que a morte seja um "levantar de bandeira", assim como nas corridas de cavalos, constrangendo cada espírito a buscar, apressadamente, a melhor parte?

Porfírio, rebelde, acrescentou:

— Se você interpõe a argumentação para justificar a teoria de entidades enfermas, engana-se. Espíritos não podem adoecer. Não podemos fomentar a ilusão de hospitais na "outra vida".

Antes que a palestra se tornasse mais acalorada, D. Amélia, a esposa do teimoso doutrinador, veio chamar para a reunião no ambiente doméstico.

A mesa estava posta. Médiuns e demais companheiros em meditação.

Decorridos alguns minutos, iniciaram-se os trabalhos sob a direção de Porfírio.

Orações sentidas e comentários reconfortantes.

O material de Espiritualidade superior era ali autêntico, preciso. Tudo condimentado em cristalina sinceridade familiar.

Ao término da sessão, eis que se incorpora um Espírito perturbado, sofredor. Grita e chora. Declara-se em trevas e assevera ouvir com imensa dificuldade. Acusa dores terríveis na mão direita. Relaciona lembranças fragmentárias. Tem a memória tardia de um hemiplégico. Foi juiz em comarca remota. Confessa haver prostituído o tribunal. Diz haver despertado fora do corpo físico, torturado por antigas vítimas. Está angustiado. Quer viver, entre os homens, outra vez, a fim de reparar as falhas cometidas.

O diretor da reunião doutrina, amoroso, mas laboriosamente.

Depois de longo entendimento, em que o devotado orientador encarnado despende todos os recursos socorristas ao seu alcance, o infortunado revela melhoras e abandona o recinto, prometendo aproveitar-se dos conselhos recebidos.

Encerram-se os serviços da noite, entre ações de graças.

O condutor da sessão enxuga a fronte suarenta.

Quando a sala se esvaziou, após o adeus reconfortante dos amigos que se afastaram jubilosos pelo agradável dever cumprido, Daniel se aproximou do companheiro e falou, bem-humorado:

— Então, Porfírio? Acredita que estivemos socorrendo um Espírito desencarnado robusto e sadio? O infeliz acusa desequilíbrio mental evidente, revela distúrbios e dores perfeitamente localizados. Um médico hábil, entre nós, poderia lavrar completo diagnóstico.

Porfírio silenciou, pensativo.

— Para mim — prosseguiu Daniel —, o comunicante está seriamente enfermo e você funcionou na condição de clínico providencial. Imagine que ele mostrou os sintomas de um reumático, a fadiga que procede de perturbações circulatórias, a memória falha de um paralítico, as visões de um louco, sem nos reportarmos aos intrincados problemas psicológicos de que é portador, que dariam para tentar a curiosidade de muitos freuds. Não acha que tenho razão?

Foi então que Porfírio, desapontado, balanceou a cabeça e retrucou vencido:

— Sou doutrinador de Espíritos sofredores há mais de 20 anos, mas, francamente, ainda não havia pensado nisto.

~ 26 ~
A proteção de Santo Antônio

Conta-nos venerando amigo que Antônio de Pádua, no luminoso domicílio do plano superior, onde trabalha na extensão da Glória divina, continuamente recebia preces de pequena família dos montes italianos. Todos os dias, era instado a prestar socorros e enlevava-se com as incessantes manifestações de tamanha fé.

O admirável taumaturgo, por vezes, nas poucas horas de lazer, recreava-se anotando o registro dos petitórios, procedentes daquele reduzido núcleo familiar. Sorria, encantado, relacionando-lhe as solicitações. O grupinho devoto suplicava-lhe a concessão das melhores coisas. Lembrava-lhe o nome, a propósito de tudo. Nas enxaquecas dos donos da casa. Nos sonhos das filhas casadouras. Nos desatinos do rapaz. Nos sapatos das crianças.

O santo achava curiosa a repetição das rogativas. Variavam de trimestre a trimestre, repetindo-se, porém, cronologicamente. Assim é que determinava aos colaboradores o fornecimento de recursos sempre iguais, de conformidade com as estações. Dinheiro e utilidades, socorro e medicação, alegria e reconforto.

Reproduziam-se os votos, na atividade rotineira, quando Santo Antônio reparando, mais detidamente, as notas de que dispunha, verificou, surpreso, que aquele punhado de crentes confiantes não apresentara, ainda, nem um só pedido de trabalho. O protetor generoso meditou, apreensivo, e como a devoção continuasse, fresca e ingênua, por parte dos beneficiários, deliberou visitá-los pessoalmente.

Expediu aviso prévio e desceu, no dia marcado, para verificações diretas. Desejava inteirar-se de quanto ocorria.

De posse da notificação, Celestino, inteligente cooperador espiritual dele, veio esperá-lo, não longe da residência humilde dos camponeses.

O iluminado solicitou notícias e o companheiro de boas obras respondeu, respeitoso:

— Em breve, sabereis tudo.

Com efeito, daí a momentos penetravam em pequeno recinto rural. Uma casa antiga, um jardim abandonado, um quintal escarpado entregue ao mato inútil e um telheiro a ruir, fingindo estábulo, onde uma vaca remoía a última refeição.

Entraram.

Na sala, em trajes domingueiros de regresso da missa, um casal de velhos ouvia a conversação dos filhos, um jovem robusto, duas moças casadeiras e duas crianças.

Santo Antônio abençoou o quadro doméstico, observando que a sua efígie era guardada carinhosamente por todos. As impressões verbais eram intercaladas de louvores ao seu nome. De instante a instante, assinalava-se o estribilho:

— Graças a Santo Antônio!

Voltando-se para o cooperador atento, o prestigioso amigo celeste pediu esclarecimentos quanto aos serviços do grupo. Foi informado, então, de que nenhum dos membros daquela comunidade possuía trabalho certo, convenientemente remunerado. Celestino, aliás, terminou sem circunlóquios:

— O pessoal gira em torno de uma vaca, que torno participante de vossas bênçãos.

— Como? — indagou o santo, admirado.

— O pai, que se diz doente, angaria capim, de modo a alimentá-la. As jovens ordenham-na duas vezes por dia. O rapaz conduz o leite à vila para vender. Bolinha, a vaca protetora, sai do quintal somente cinco dias por ano, quando passeia junto a rebanho próximo. É obrigada a fornecer 6 a 8 litros de leite, em média diária, e um bezerro anualmente. A dona da casa envolve-a em atmosfera de doce agasalho e os meninos escovam-na, cuidadosamente. Apesar disso, porém, vive abatida, entre as cercas do escarpado curral. Sabendo nós quanto amor consagrais a esta granja, repartimos com a humilde vaquinha as dádivas incessantes que vossa generosidade nos envia. Desse modo, garantimos-lhe a saúde e o bem-estar, porquanto, se a produção dela cair, que sucederá aos vossos despreocupados devotos? Bolinha é tudo o que lhes garante o pão e a vestimenta de hoje e de amanhã.

Antônio dirigiu-se ao estábulo, pensativo...

Acariciou o animal heroico e voltou ao interior.

Na palestra íntima, animada, ouvia-se, de momento a momento:

— Louvado seja Santo Antônio!

— Viva Santo Antônio!

— Santo Antônio rogará por nós!

De permeio, sobravam queixas do mundo.

O advogado celestial, algo triste, convidou o companheiro a retirar-se e acrescentou:

— Auxiliemos positivamente esta família tão infeliz.

Celestino seguiu-lhe os passos, sem dizer palavra.

Antônio acercou-se da vaca, levantou-a, e sem que Bolinha percebesse guiou-a para o alto, de onde se contemplava enorme precipício. Do cimo, o santo ajudou-a a projetar-se rampa abaixo. Em breves segundos, a vaca não mais pertencia ao rol dos animais vivos na Terra.

Ante o colaborador assombrado, explicou-se o taumaturgo:

— Muitas vezes, para bem amparar, é imprescindível retirar as escoras.

E voltou para o Céu.

Do dia seguinte em diante, as orações estavam modificadas. Os camponeses fizeram solicitação geral de serviço e, com o trabalho digno e construtivo de cada um, a prosperidade legítima lhes renovou o lar, carreando-lhes paz, confiança e júbilos sem-fim...

Quantos benfeitores espirituais são diariamente compelidos a imitar, no mundo dos homens encarnados, a proteção de Santo Antônio?

~ 27 ~
Tudo relativo

Quando o Espírito comunicante, cheio de boa vontade, se referiu ao domicílio na vida extrafísica, Rafael, um irmão que se caracterizava pelos primores da inteligência, objetou mordaz:
— Casas no Além? Que contrassenso!...
O mensageiro, não obstante desapontado, registrou impressões da vida social no "outro mundo". Então, o mesmo cavalheiro ironizou sem pestanejar:
— Ora esta! Sociólogos além-túmulo? Era o que nos faltava.
O emissário não desanimou. Aludiu aos jardins que lhe cercavam a residência.
— Que é isso? — indagou o investigador que apreciava os sarcasmos sem-fim — serão os jardins suspensos de Semíramis? Qual! Tudo mera ilusão!... Depois de nossas roseiras espinhosas e de nossos adubos desagradáveis, não há canteiros de fluidos.
A entidade perseverante reportou-se aos institutos de ensino que frequentava. No entanto, o mau obreiro deu-se pressa em considerar:

— Se os "mortos" estiverem sujeitos à luta estudantil, estamos francamente perdidos.

O comunicante não desistiu. Passou a dizer da expectativa sublime que alimentava, aguardando a esposa querida, além do sepulcro. O companheiro irreverente, entretanto, fez-se ouvir na mesma inflexão de zombaria:

— Deliciosa mentira! Onde já se viu casamento na esfera das almas?

O portador da mensagem não desfaleceu. Comentou os problemas do corpo sutil que lhe servia, agora, à consciência. Enumerou as facilidades e os obstáculos que o defrontavam, mas o fraternal inquisidor observou, cético:

— Espírito não tem corpo. Simples fantasia. Presenciamos fenômenos de puras impressões alucinatórias.

O prestimoso estafeta das boas-novas, que vinha do reino espiritual, despediu-se finalmente.

Ante os colegas curiosos e inquietos, o renitente analista esclarecia enfaticamente:

— Mais objetividade! Nada de ilusões! Sou um homem que sabe julgar.

Após o incidente, afastou-se do grupo de trabalhadores do bem. Afirmava-se demasiadamente realista para aceitar, sem maior exame, as descrições dos desencarnados. Situava a concepção doutrinária num campo de absoluta transcendência.

Devotados amigos, bastas vezes, rogaram-lhe a volta aos estudos. Parentes interpunham recursos afetivos, a fim de que retomasse o salutar esforço da crença religiosa. Todavia, foi Rafael impermeável a todas as ponderações. Ouvia os apelos, esboçava gesto brejeiro e arremedava um texto evangélico:

— Deem à matéria o que é da matéria e ao espírito o que é do espírito. Fora disso, não compreendo a atitude de vocês.

E rematava, orgulhoso de si:

— Não se esqueçam de que sou um homem que sabe julgar.

Veio, porém, o minuto em que foi arrebatado da vida carnal. Desalentado, aflito, estabelecia a própria identidade. Afinal — monologava para dentro — a mudança não fora tão grande. Mentalmente, sentia-se o mesmo homem. E, no íntimo, não conseguia eliminar o desejo louco de regressar aos negócios, atividades e afetos que o imantavam ao campo humano. Meditava na Justiça divina e buscava tranquilizar-se. Não se lembrava de haver praticado o mal com o propósito deliberado de ferir alguém. Não cometera crime algum. No fundo da alma, contudo, mantinha certa inquietude. Concluía que prejudicara a si mesmo. Não se dera à observação da verdade, tanto quanto devia. Não seria razoável o retorno à zona terrestre, para intensificar indagações? Quem sabe? Talvez pudesse prover-se de melhores recursos, em benefício da paz interna.

A aproximação de iluminado mensageiro espiritual sustou-lhe a marcha dos pensamentos. Contemplou-o, esperançoso, e pediu, com respeito:

— Benfeitor divino, acudi-me!... Dizei-me onde está a minha propriedade terrestre?

O interpelado respondeu com benevolência:

— Propriedade sua? Que enorme equívoco!...

— E meu corpo físico? — interrogou Rafael, choroso.

— Seu veículo de carne, agora, meu amigo, é simples fantasia.

— Meus bens?

O emissário sorriu e ajuntou:

— Se seu tesouro não está guardado no espírito imperecível, suas vantagens de outro tempo não passavam de ilusão...

— Minhas apólices, meus títulos? Registravam-me o nome!...

— Para impressão de alguns anos — esclareceu o preposto da realidade divina.

— Meus filhos?

— Eram de Deus, primeiramente, antes de serem encaminhados à sua paternidade provisória.

— Minha mulher? Onde está ela? Sempre me obedeceu cegamente. Dar-se-á o caso de haver-me abandonado também?!...
— Sua companheira associava-se com renúncia e bondade ao seu destino, mas nunca foi uma escrava de seus caprichos. Conserva um título de filiação celeste, tanto quanto você mesmo.
— Meu gabinete na cidade, meu sítio no campo, meus documentos, meus interesses...
— Sim, tudo para você, presentemente, é serviço feito, resíduo do passado, que persiste em deter na mente enfermiça, antes de verificar o proveito das lições que viveu no mundo...
— Oh! que horror! — gritou Rafael, apavorado — como entender tudo isto? Quem estará sob o domínio de simples impressões? Os que partem da Terra ou os que por lá se demoram? Os que "morrem" ou os que "vivem"?
O benfeitor sorriu, de novo, e concluiu:
— Consulte a própria consciência. Como sempre, você é um homem que sabe julgar...

~ 28 ~
O homem e o boi

Um anjo de longínquo sistema, interessado em conhecer os variados aspectos e graus da razão na Inteligência universal, pousou num campo terrestre e, surpreso ante a paisagem, aí encontrou um homem e um boi. Admirou as flores silvestres, fixou os horizontes coloridos de sol e rejubilou-se com a passagem do vento brando, rendendo graças ao supremo Senhor. Como não dispunha, todavia, de mais larga parcela de tempo, passou à observação direta dos seres que povoavam o solo, aferindo o progresso do entendimento no orbe que visitava.

Examinou as pupilas do homem e descobriu a inquietação da maldade. Sondou os olhos do boi e encontrou calma e paz.

Usando o critério que lhe era peculiar, concluiu de si para consigo que o boi era superior ao homem. Consolidou a impressão quando, para experimentar, pediu mentalmente aos dois trabalhassem em silêncio. O animal respondeu com perfeição, movimentando-se, humilde, mas o companheiro bípede gritou, espetacularmente, proferindo nomes feios que fariam corar uma pedra.

Um tanto alarmado, o anjo recomendou paciência.

O educado bisneto da selva continuou trabalhando, imperturbável e tolerante. Todavia, o irrequieto descendente de Adão estalou um chicote, ferindo as ancas do colaborador de quatro patas. Acabrunhado agora, diante da cena triste, o sublime embaixador pediu atitudes de sacrifício.

O servo bovino obedeceu, sem qualquer relutância, revelando indiscutível interesse em ser útil, distraído das próprias chagas. O administrador humano, contudo, redobrou a crueldade, recorrendo ao ferrão para dilacerar-lhe, ainda mais, a carne sanguinolenta...

Sensibilizadíssimo, o fiscal celeste anotou o que supôs conveniente aos fins que o traziam e afastou-se, preocupado.

Não atravessara grande distância e encontrou uma vaca em laço forte, com outro homem a ordenhá-la.

Sob impressão indefinível, emitiu apelos à renúncia.

A mãe bovina atendeu com resignação heroica, prosseguindo firme na posição de quem sabia sacrificar-se, mas o ordenhador, antes que o emissário de cima os analisasse, de perto, porque certa mosca lhe fustigava o nariz, esbofeteou o úbere da vaca, desabafando-se. O funcionário dos altos céus, compadecido, acariciou a vítima que se movimentou alguns centímetros, agradavelmente sensibilizada. O tratador, porém, berrou desvairado, caluniando-a...

— Queres escoucear-me, não é? — gritou diabólico.

Ergueu-se lesto, deu alguns passos, sacou de bengala rústica e esbordoou-lhe os chifres.

Emocionado, o anjo vivificou as energias da vaca, aplicando o seu magnetismo divino, rogou para ela as bênçãos do Altíssimo, empregou forças de coação no agressor, conferindo-lhe salutar dor de cabeça, efetuou os registros que desejava e retirou-se.

Prestes a desferir voo, firmamento afora, encontrou um gênio sublime da hierarquia terrena.

Cumprimentaram-se, fraternos, e o fiscal divino comentou a beleza da paisagem. Não ocultou, porém, a surpresa de que se possuía. Relacionou os objetivos que o obrigaram a parar alguns minutos na Terra e rematou para o irmão na pureza e na virtude:

— Estou satisfeito com a elevação sentimental das criaturas superiores do planeta. Cultivam a generosidade, renunciam no momento oportuno, trabalham sem lamentações e, sobretudo, auxiliam, com invulgar serenidade, os inferiores.

O anjo da ordem terrestre silenciou, espantado por ouvir tão rasgado elogio aos homens. O outro, no entanto, prosseguiu:

— Tive ocasião de presenciar comovedores testemunhos. Pesa-me confessá-lo, porém: não posso concordar com a posição dos seres mais nobres da Terra, que se movimentam ainda sobre quatro pés, quando certo animal feroz, que os acompanha, agressivo, já detém a leveza do bípede. Naturalmente, sabe o Altíssimo o motivo pelo qual individualidades tão distintas aqui se encontram unidas para a evolução em comum... Tenho, contudo, o propósito de apresentar um relatório minucioso às autoridades divinas, a fim de modificarmos o quadro reinante.

Assinalando-lhe os conceitos, o companheiro solicitou explicações mais claras. O anjo estrangeiro convidou-o a verificações diretas.

O protetor da Terra, desapontado, esclareceu, por sua vez, ser diversa a situação: o bípede é na crosta planetária o rei da inteligência, guardando consigo a láurea da compreensão, sendo o boi simples candidato ao raciocínio, absolutamente entregue ao livre-arbítrio do controlador do solo. Acentuou que, não obstante operoso e humilde, o cooperador bovino gastava a existência servindo para o bem, e acabava dando os costados no matadouro, para que os homens lhe comessem as vísceras...

O forasteiro dos céus mais altos, sem dissimular o assombro, considerou:

— Então, o problema é muito pior...

Pensou, pensou e aduziu:

— Jamais encontrei um planeta onde a razão estivesse tão degradada.

Despediu-se do colega, preparou o afastamento definitivo sem mais delonga e concluiu:

— Apresentarei relatório diferente.

Mas ainda não se sabe se o anjo foi pedir medidas ao Trono eterno para que os bois levantem as patas dianteiras, de modo a copiarem o passo de um herói humano, ou se foi rogar providências aos Poderes celestiais a fim de que os homens desçam as mãos e andem de quatro, à maneira dos bois...

~ 29 ~
O Espírito que faltava

Quando D. Arlinda chegou ao grupo espiritista, desejosa de curar-se das perturbações que a assediavam, foi atendida pelo orientador Dagoberto, dedicado protetor espiritual dos necessitados.

— Quero sarar — dizia a iniciante — e servir à Doutrina. A mediunidade é um ministério celestial. Se Deus me achar digna, aqui estarei para trabalhar com afinco e devotamento.

Reparando-lhe as boas disposições, o diretor da casa facilitou-lhe o acesso aos fluidos renovadores.

— Preciso de Espíritos que me curem! — reclamava a obsidiada, lamuriando-se — e, tão logo me refaça, seguirei a verdade e servi-la-ei até ao fim de meus dias...

O benfeitor deu-se pressa em angariar a colaboração de clínicos competentes da Espiritualidade, que a ajudassem na recuperação do equilíbrio.

Em breve, D. Arlinda estava robustecida, feliz. Perdera as fobias inquietantes. Estava curada, enfim.

Prosseguia frequentando as pequenas assembleias doutrinárias, mas mudara a conversa...

— Se Amaro, meu marido, obtivesse um emprego, sentir-me-ia mais disposta ao trabalho mediúnico. Mas assim...

E terminava, suspirando:

— Se os Espíritos caridosos nos amparassem...

Dagoberto interveio, solicitando a cooperação de alguns benfeitores que, indiretamente, agindo sem alarde, através dos fios invisíveis da inspiração, lhe situaram o esposo em serviço digno, convenientemente remunerado.

D. Arlinda, agora, era menos pontual às sessões iluminativas; fazia-se, contudo, portadora de novas alegações.

— Como contribuir na lavoura da mediunidade? Meus dois filhos, Fernando e Rodolfo, cercam-me de preocupações infindáveis... Sabemos que as atividades dessa natureza exigem paz... Com as angústias que trago na cabeça, a calma é impossível. Se os Espíritos me ajudassem a encaminhá-los...

Voltou o protetor a socorrê-la, trazendo-lhe à casa o decisivo concurso de sábios educadores desencarnados que modificaram as tendências dos rapazes, melhorando-lhes os impulsos e conduzindo-os a louváveis institutos de ensino.

Solucionado o problema, D. Arlinda encontrou nova necessidade:

— Graças a Deus — afirmava —, tenho sido muito feliz em minhas súplicas. Mas como iniciar a colaboração nos círculos da mediunidade? Enquanto não nos mudarmos de residência, qualquer tentativa seria improfícua. Imaginem que sou diariamente hostilizada pelos vizinhos. Necessito, antes de tudo, afastar-me do ambiente. Enquanto isto não se der...

E rematava:

— Se os Espíritos me auxiliassem a favor da mudança...

Dagoberto, prestativo, correu a cooperar. Não dispunha de corretores no "outro mundo", mas conhecia amigos que sabiam amparar sem prejuízo de ninguém.

Em poucas semanas, a senhora permutava o domicílio acanhado por residência arejada e espaçosa.

Beneficiada de tantos modos diferentes, teve dificuldade de alinhar pretextos de ordem material e falou, supostamente preocupada, aos companheiros do grupo:

— Estou pronta para a tarefa mediúnica... Entretanto, como encetá-la? Aguardo a influência dos irmãos invisíveis, em nossa mesa de orações, tempo enorme!... Qual nada! Não registro a menor vibração diferente em torno de mim! Estou mesmo sem rumo...

E concluía reticenciosa:

— Se os Espíritos me desenvolvessem...

O Benfeitor de sempre movimentou as possibilidades imediatas e trouxe companheiros esclarecidos que passaram a colaborar no esforço de iniciação da candidata.

D. Arlinda foi crivada de apelos e advertências. Os amigos do Além falaram-lhe da caridade, da educação, do serviço ao próximo. Conduziram doentes ao seu coração, proporcionando-lhe valiosas oportunidades de praticar a ciência de elevação. Necessitados sem-número, tangidos por forças imponderáveis, sitiaram-lhe a porta. Era convidada às manifestações do bem, através de todos os clarins da vida espiritual.

A futura missionária, porém, negou-se redondamente. Queria o ministério mediúnico, mas não suportava a visão de doenças, experimentava receios indefiníveis ante as pessoas perturbadas, não dissimulava o desequilíbrio nervoso que a acabrunhava, em qualquer ação de socorro às entidades sofredoras. Temia complicações, não desejava ser julgada pela opinião pública.

Reproduzia queixas e fugas, duas vezes por semana, ante os colegas espantados, quando Dagoberto, o prestimoso amigo espiritual, certa noite se comunicou no grupo, satisfeito e bem-humorado, como de costume. Finda a preleção, na qual distribuiu precioso encorajamento, dona Arlinda interpelou-o, suplicando:

— Meu protetor, ajude-me! Preciso progredir! Poderei contar com a sua ajuda para meu desenvolvimento?

O interpelado respondeu enigmático:

— *Sim!... A mediunidade, antes de ser um fenômeno, é trabalho aos semelhantes!...*

D. Arlinda pretendia promessas mais claras e aduziu:

— Os protetores me auxiliarão?

Dagoberto sorriu e ajuntou:

— *Eu, agora, minha irmã, só conheço um Espírito que pode socorrê-la. Um, apenas. Sem ele, sua felicidade nunca virá.*

— Oh! qual? — interrogou a senhora, dominada pela volúpia de implorar proteção diferente — farei preces, incluí-lo-ei em minhas súplicas diárias!...

Com surpresa geral, Dagoberto informou:

— *É o espírito da boa vontade. Para encontrá-lo, não precisa dirigir-se ao "outro mundo". Ele está em seu mundo mesmo.*

Pesado silêncio caiu sobre todos e a sessão foi encerrada, sem outras consultas.

~ 30 ~
Velho apólogo

Observou o supremo Pai que o homem, filho de seu amor e herdeiro de sua sabedoria, tateava angustiado nas trevas da ignorância, errando no vale escuro da Morte... Recomendou então ao Tempo a condução do peregrino das sombras à claridade da Terra onde o filho infeliz aprenderia a ciência da Vida com a Verdade, para que o túmulo não mais lhe perturbasse o caminho eterno...

Nasceu o homem, na esfera carnal e, cuidadosa, a mestra Verdade procurou-o em pequenino. Os zeladores do infante, todavia, pais a título precário, afugentaram-na revoltados.

— O menino é nosso! — gritaram possessos de egoísmo. — É cedo, muito cedo para a intromissão da realidade.

E segregaram o aprendiz miúdo num berço de rendas mentirosas.

Em vez de revelar-lhe a condição de usufrutuário da escola terrena, conferiram-lhe perigosas ilusões. Afirmaram-lhe que o mundo era propriedade dele, que era superior aos semelhantes, que era, em suma, o único ser digno de respirar na atmosfera planetária. Incitaram-no a dominar sempre, fosse como fosse, a vencer de qualquer modo, ainda mesmo quando o sofrimento e a miséria lhe clamassem piedade e justiça.

Quando o homem pôs o pé fora do lar, na puberdade, era um diabo mirim. Sabia espancar, depredar, humilhar, impor-se e ferir...

Notou a Verdade que grandes obstáculos se interpunham entre ambos, mas aproximou-se e ofereceu-lhe o tesouro que trazia.

O fedelho sorriu, cínico, e objetou:
— Nada disto. Quero viver por mim mesmo.

Recolheu-se a orientadora, sem desânimo.

Aprumando-se o interessado em plena juventude, voltou a presenteá-lo com o patrimônio imperecível.

O rapaz exclamou desdenhoso:
— Estou muito moço ainda! seguirei sem muletas.

Retraiu-se a sublime condutora. Decorridos alguns anos, informou-se de que o tutelado bebera novos conhecimentos nas fontes do mundo e regressou, esperançada, ao convívio dele, oferecendo-lhe os bens eternos. Sobraçando pesados compêndios, o aprendiz fujão, dessa vez, gargalhou, simiesco, declarando:
— Tenho a Terra. Não preciso do Céu. Estou bastante preocupado com questões imediatas para internar-me em problemas longínquos! A sugestão é prematura!...

Refugiou-se a instrutora nas vizinhanças, aguardando outro ensejo...

Quando o aluno refratário à lição se consorciou para converter-se em pai provisório de outros aprendizes na escola terrestre, tornou a buscá-lo, abrindo-lhe o acesso à Espiritualidade superior. O protegido recusou recebê-la.

— Vivo sobremaneira ocupado... não posso cogitar de enigmas transcendentes... — assegurou.

A incansável benfeitora passou então a visitá-lo, periodicamente, na expectativa de modificação repentina.

Assim é que o homem lhe apresentava os mais variados pretextos, em troca da oferenda divina.

— Hoje, não. Tenho a mulher enferma.
— Enquanto meus filhos estiverem desassossegados.
— Depois. Antes de tudo, é indispensável garantir o futuro da prole.
— Minha cabeça estala!
— Assumi outros compromissos, não sou livre...
— Doente como estou, não arredarei pé de casa...
— Não posso faltar ao clube.

A Verdade jamais desanimou. Procurava-o, de muitos modos, cada semana. O hábil esgrimista do raciocínio, contudo, dispunha de golpes inesperados. Esquivou-se maciamente, enquanto lhe sobravam vigor e saúde. Quando se viu, porém, valetudinário e encanecido, fez-se vítima e desculpava-se, afiançando:

— Sinto-me fatigado como nunca...
— É imprescindível espichar os anos.
— Estou velho em demasia para renovar-me...

Surgiu, no entanto, um dia, em que identificou singulares diferenças em si mesmo. Aterrado, verificou que a carne senescente estava flácida e descontrolada. O sangue engrossava-se-lhe nas veias. A epiderme semelhava-se ao pergaminho. Os ossos rangiam, quebradiços.

A Morte impassível acercou-se dele, tentando cerrar-lhe os olhos, mas o infeliz clamou por ajuda. Socorreu-o a Ciência com picadas e beberagens. A Fé orou sentidamente, junto ao leito acolhedor.

O mísero, porém, temendo a escuridão do sepulcro, bradava para dentro do próprio coração:

— A Verdade! Quero a Verdade!...

A benfeitora, reconhecendo-o novamente cego, viu-se inibida de atender. Inclinando-se-lhe aos ouvidos, esclareceu:

— Agora é tarde...

O moribundo suplicou a intervenção do Tempo, mas o Tempo escusou-se, informando inflexível:

— Agora, será necessário esperar...

E a Morte, querida e detestada, respeitada e incompreendida, aproximou-se serenamente, baixou o pano e concluiu:

— Agora, é comigo. Tratarei de seu caso.

~ 31 ~
Os maiores inimigos

Certa feita, Simão Pedro perguntou a Jesus:
— Senhor, como saberei onde vivem nossos maiores inimigos? Quero combatê-los, a fim de trabalhar com eficiência pelo Reino de Deus.

Iam os dois de caminho, entre Cafarnaum e Magdala, ao sol rutilante de perfumada manhã.

O Mestre ouviu e mergulhou-se em longa meditação.

Insistindo, porém, o discípulo, Ele respondeu benevolamente:
— A experiência tudo revela no momento preciso.
— Oh! — exclamou Simão, impaciente — a experiência demora muitíssimo...

O Amigo divino esclareceu imperturbável:
— Para os que possuem "olhos de ver" e "ouvidos de ouvir", uma hora, às vezes, basta ao aprendizado de inesquecíveis lições.

Pedro calou-se, desencantado.

Antes que pudesse retornar às interrogações, notou que alguém se esgueirava por trás de velhas figueiras, erguidas à margem.

O Apóstolo empalideceu e obrigou o Mestre a interromper a marcha, declarando que o desconhecido era um fariseu que procurava assassiná-lo. Com palavras ásperas desafiou o viajante anônimo a afastar-se, ameaçando-o, sob forte irritação. E quando tentava agarrá-lo, à viva força, diamantina risada se fez ouvir. A suposição era injusta. Em vez de um fariseu, foi André, o próprio irmão dele, quem surgiu sorridente, associando-se à pequena caravana.

Jesus endereçou expressivo gesto a Simão e obtemperou:

— Pedro, nunca te esqueças de que o medo é um adversário terrível.

Recomposto o grupo, não haviam avançado muito, quando avistaram um levita que recitava passagens da *Torá* e lhes dirigiu a palavra, menos respeitoso.

Simão inchou-se de cólera. Reagiu e discutiu, longe das noções de tolerância fraterna, até que o interlocutor fugiu amedrontado.

O Mestre, até então silencioso, fixou no aprendiz os olhos muito lúcidos e inquiriu:

— Pedro, qual é a primeira obrigação do homem que se candidata ao Reino celeste?

A resposta veio clara e breve:

— Amar a Deus sobre todas as coisas e ao próximo como a si mesmo.

— Terás observado a regra sublime, neste conflito? — continuou o Cristo, serenamente. — Recorda que, antes de tudo, é indispensável nosso auxílio ao que ignora o verdadeiro bem e não olvides que a cólera é um perseguidor cruel.

Mais alguns passos e encontraram Teofrasto, judeu grego dado à venda de perfumes, que informou sobre certo Zeconias, leproso curado pelo profeta nazareno e que fugira para Jerusalém, onde acusava o Messias com falsas alegações.

O pescador não se conteve. Gritou que Zeconias era um ingrato, relacionou os benefícios que Jesus lhe prestara e internou-se em longos e amargosos comentários, amaldiçoando-lhe o nome.

Terminando, o Cristo indagou-lhe:
— Pedro, quantas vezes perdoarás a teu irmão?
— Até setenta vezes sete — replicou o Apóstolo, humilde.
O Amigo celeste contemplou-o, calmo, e rematou:
— A dureza é um carrasco da alma.

Não atravessaram grande distância e cruzaram com Rufo Grácus, velho romano semiparalítico, que lhes sorriu, desdenhoso, do alto da liteira sustentada pelos escravos fortes.

Marcando-lhe o gesto sarcástico, Simão falou sem rebuços:
— Desejaria curar aquele pecador impenitente, a fim de dobrar-lhe o coração para Deus.

Jesus, porém, afagou-lhe o ombro e ajuntou:
— Por que instituiríamos a violência no mundo, se o próprio Pai nunca se impôs a ninguém?

E, ante o companheiro desapontado, concluiu:
— A vaidade é um verdugo sutil.

Daí a minutos, para repasto ligeiro, chegavam à hospedaria modesta de Aminadab, um seguidor das ideias novas.

À mesa, um certo Zadias, liberto de Cesareia, se pôs a comentar os acontecimentos políticos da época. Indicou os erros e desmandos da corte imperial, ao que Simão correspondeu, colaborando na poda verbalística. Dignitários e filósofos, administradores e artistas de além-mar sofreram apontamentos ferinos. Tibério foi invocado com impiedosas recriminações.

Finda a animada palestra, Jesus perguntou ao discípulo se acaso estivera alguma vez em Roma.

O esclarecimento veio depressa:
— Nunca.

O Cristo sorriu e observou:
— Falaste com tamanha desenvoltura sobre o Imperador que me pareceu estar diante de alguém que com ele houvesse privado intimamente.

Em seguida, acrescentou:

— Estejamos convictos de que a maledicência é algoz terrível.

O pescador de Cafarnaum silenciou desconcertado.

O Mestre contemplou a paisagem exterior, fitando a posição do astro do dia, como a consultar o tempo, e, voltando-se para o companheiro invigilante, acentuou, bondoso:

— Pedro, há precisamente uma hora procuravas situar o domicílio de nossos maiores adversários. De então para cá, cinco apareceram entre nós: o medo, a cólera, a dureza, a vaidade e a maledicência... Como reconheces, nossos piores inimigos moram em nosso próprio coração.

E, sorrindo, finalizou:

— Dentro de nós mesmos, será travada a guerra maior.

~ 32 ~
Numa cidade celeste

Quando Joaquim Pires desencarnou, crente sincero e praticante assíduo que fora do Evangelho, procurou, incontinente, as portas do céu. Combatera as próprias paixões, distribuíra benefícios sem cogitar de recompensa, humilhara-se em favor dos outros, sempre que as circunstâncias lhe aconselhavam serenidade e renúncia.

Em suma, Joaquim fora um homem bom. Todavia, como vivemos sobremaneira distanciados das criaturas perfeitas, andava preocupado com a ideia de repousar no paraíso. Não tivera ocasião de provar-se em testemunhos reconhecidamente difíceis e angustiosos. No entanto, acariciava o propósito de anestesiar-se no "outro mundo". Queria descansar, esquecer, embriagar-se no êxtase divino...

"Morreu", por isso, sem receio algum. Despediu-se, quase contente, dos familiares. Parecia andorinha humana, no júbilo de buscar a primavera noutras paragens. E, com efeito, tantos méritos detinha consigo, que prodigioso fio de luz assinalava-lhe o caminho, desde o túmulo até as portas de uma cidade resplandecente.

Aí chegado, Joaquim, premido pela emoção, empalidecera de regozijo. Enlevado, notou que, lá dentro, havia felicidade e luz, mas inequívocos sinais de trabalho também... Ruídos de atividade salutar e sons de campainhas inquietas alcançaram-lhe os ouvidos surpresos.

Antes de se entregar a maiores perquirições íntimas, simpático mensageiro veio recebê-lo no limiar.

— É aqui o paraíso? — inquiriu à maneira do sertanejo bisonho que visita grande metrópole pela primeira vez.

— Sim — informou o interpelado, gentilmente —, estamos numa cidade celestial.

— Quer dizer, então, em boa geografia, que já não respiramos a atmosfera da carne... — tornou o recém-chegado, hesitante.

— Não tanto — esclareceu o enviado fraterno.

De tímpanos aguçados, Pires registrou a chamada dos clarins de serviço e considerou, tímido:

— Meu amigo, que eu não sou mais do número dos "vivos"...

O outro completou-lhe a frase reticenciosa, asseverando:

— Não padece qualquer dúvida...

— Mas — prosseguiu o "morto" adventício —, trabalham, ainda, aqui?

— Muitíssimo.

— Há, nesta cidade, horários, distribuição de tarefas, responsabilidades individuais, disposições de lei, lutas e conflitos?

O mensageiro esboçou expressivo gesto de complacência e observou:

— Acredita que a morte da carne, mero fenômeno da Natureza, purifique o Espírito milagrosamente? Temos enorme serviço a fazer. E o repouso para nós é lição, reparo ou estímulo. Nossa felicidade não se cristalizaria em altares imóveis.

— Oh! — clamou Joaquim, aflito — a justiça ensinava-me no mundo que há um paraíso para os bons e um inferno para os maus.

— E você — interrogou o companheiro, intencionalmente — se julga perfeitamente bom?

— Não — respondeu Pires com humildade não fingida —, sou um pecador, bem o reconheço; contudo... francamente, não admitia houvesse tanto serviço após o sepulcro.

— Suporá inoportuno e intempestivo nosso propósito de luta e solidariedade, melhoria e reconstrução? Quem não é infinitamente bom, deve amparar quem não é infinitamente mau. É imprescindível atender aos imperativos da vida. Só Deus é o Absoluto.

— Sim, compreendo... — resmungou Joaquim, descoroçoado — todavia, sonhava com a paz perpétua.

E continuou:

— Existe aqui chefia e subalternidade?

— Perfeitamente.

— Servidores melhores e piores?

— Sim, em mais elevado padrão de justiça e aproveitamento.

— Há estudos e provas, especializações e obrigações?

— Muito além dos ensaios que efetuamos na Terra...

— Há probabilidades de erro e dúvida, discussão e negação?

— Em todas as rotas de ação, porque o livre-arbítrio da alma evoluída é naturalmente chamado a cooperar na estruturação dos destinos, com a supervisão da Vontade de Deus.

— Consequentemente — prosseguiu Joaquim —, há reparações e punições, desequilíbrios e dificuldades.

— Exatamente. Você não ignora que onde o erro é possível deve existir recurso para a corrigenda.

O recém-desencarnado meditou, meditou e aduziu:

— Procuro o repouso inalterável... Quem sabe resplandece em esfera mais elevada o céu que busco?

— Assim não é — disse-lhe o interlocutor. — Quanto mais alto subir, mais trabalho encontrará, embora em condições diferentes.

Pires sentou-se, apalermado, sob indizível abatimento.

O emissário fixou um gesto de bom humor e acentuou com clareza:

— Parece-me que o paraíso, sonhado por você, é o éden da espécie *Limax arborum*. Essas criaturas, que no fundo são igualmente filhas de Deus, organizam o próprio lar, através de folhas e flores. Aquietam-se e dormem descansadas sob a claridade do firmamento. Nada perguntam. Não riem, nem choram. Desconhecem os enigmas. Não sabem o que vem a ser aflição ou dor de cabeça. Alimentam-se daquilo que encontram nas árvores preciosas da vida. Ignoram se há guerra ou paz, dificuldade ou pesadelo entre os homens. Vivem alheias aos dramas biológicos, aos conflitos espirituais e, se um cataclismo fulminasse o Universo em que nos achamos, não registrariam grandes diferenças...

— Oh! — gritou Joaquim, repentinamente entusiasmado — quem são esses seres privilegiados?

— São as lesmas — esclareceu o emissário, sorrindo —, e se você descer, suficientemente, encontrará o paraíso delas...

Joaquim modificou a expressão facial e, embora consternado, quando ouviu falar em lesmas, resolveu entrar.

~ 33 ~
Lembrando a parábola

Ao enviar três servos de confiança para servi-lo em propriedade distante, onde outros milhares de trabalhadores, em diversos degraus da virtude e da sabedoria, lavravam a terra em louvor de sua grandeza divina, o supremo Senhor chamou-os à sua presença e distribuiu com eles preciosos dons.

Afagado o primeiro, entregou-lhe cinco "talentos", notificando:

— Conduze contigo estes tesouros da alegria e da prosperidade. São eles a Saúde, a Riqueza, a Habilidade, o Discernimento e a Autoridade. Multiplica-os, aonde fores, em benefício dos meus filhos e teus irmãos que, em situação inferior à tua, avergados ao solo do planeta a que levarás minhas bênçãos, se esforçam mais intensamente.

Ao segundo servidor passou dois "talentos", acentuando:

— Transporta contigo estas duas preciosidades, que se destinam ao esclarecimento e auxílio do mundo a que te diriges. São, ambas, a Inteligência e o Poder. Estende estes patrimônios respeitáveis às minhas construções eternas.

Ao terceiro, confiou apenas um "talento", aclarando cuidadoso:

— Apossa-te desta lâmpada sublime e segue. É a Dor, o dom celeste da iluminação espiritual. Acende-a em teu campo de trabalho, em favor de ti mesmo e dos semelhantes. Seus raios abrem acesso aos tabernáculos divinos.

Em seguida, fixou os três colaboradores que partiam e explicou:

— Aguardá-los-ei de regresso, para as contas.

O tempo correu, célere, e veio o dia em que os mensageiros voltaram ao pátrio lar.

O Soberano esperava-os no pórtico, esperançoso e feliz.

Findas as saudações usuais, o primeiro enviado adiantou-se e entregou-lhe dez "talentos", relacionando:

— Senhor, eis tuas dádivas multiplicadas. Deste-me cinco e restituo-as em dobro. Respeitando a Saúde, adquiri o Tempo; espalhando a Riqueza, aliciei a Gratidão; usando a Habilidade, recebi a Estima; movimentando o Discernimento, conquistei o Equilíbrio, e distribuindo a Autoridade em teu nome, ganhei a Ordem. O teu plano de júbilo e evolução foi executado.

O Justo abençoou-o e explicou:

— Já que foste fiel nestes negócios de pouca monta, conceder-te-ei a intendência de importantes interesses de minha casa.

Aproximou-se o segundo e depositou-lhe nas mãos quatro "talentos", informando:

— Senhor, recebe teus haveres multiplicados. Elevando a Inteligência, obtive o Trabalho e, submetendo o Poder à tua vontade sábia, atraí o Progresso. A tua expectativa de instrução e ajuda no meu setor de atividade foi atendida.

O Pai louvou-lhe a conduta e falou contente:

— Já que revelaste lealdade no "pouco", ser-te-á conferido o "muito" das grandes tarefas.

Logo após, acercou-se o terceiro e último servo da expedição e, devolvendo, intacto, o patrimônio que recebera, notificou:

— Senhor, recolhe de volta a indesejável herança que me deste... Sei que és austero e exigente, que colhes o que não semeias e que ordenas por toda parte... Experimentando enorme dificuldade para aguentar a carga que me puseste nos ombros e temendo-te o juízo, escondi-a na terra e reponho-a, agora, em tuas mãos... Esta dádiva é um fardo difícil de carregar... Constituiu-se desagradável recordação por onde passei, estorvou-me os desejos e, de modo algum, desejaria possuí-la outra vez. É impossível obter lucros ou vantagens com semelhante obstáculo. Retoma, pois, teu estranho e insuportável depósito!...

O Poderoso contemplou-o, triste, e falou enérgico:

— Servo mau e infiel, como poderias multiplicar minha bênção se nem ao menos te deste ao esforço de examiná-la? Como iluminar o caminho se mantiveste a lâmpada apagada? Tua ociosidade transformou alguns gramas de serviço benéfico em várias toneladas de angústia que doravante pesarão sobre ti. Criaste fantasmas que nunca existiram, multiplicaste preocupações e receios que te levaram a gritar e espernear como simples tolo, no avançado círculo de minhas obras... Por fim, atiraste-me o tesouro ao pântano do desespero e da revolta e vens comentar o temor e o zelo que minha presença te infunde, quando foste tão somente preguiçoso e insensato! A Dor era a tua oportunidade sagrada e única de iluminação ao próprio caminho, para que a tua claridade amparasse os companheiros de luta regenerativa e salutar. Repeliste o dom que te confiei... Volta, portanto, à sombra e à desesperação que abraçaste!...

E o servo, que se perdera pela imprevidência e pela inconformação, somente entendeu o sublime valor da lâmpada do sofrimento quando se viu sozinho e desamparado, nas trevas exteriores.

~ 34 ~
Na subida cristã

Filipe, o velho pescador fiel ao Profeta Nazareno, meditando bastas vezes na grandeza do Evangelho, punha-se a monologar para dentro da própria alma.

"A Boa Nova" — dizia consigo mesmo — "era indiscutivelmente um monte divino, alto demais, porém, considerando-se as vulgaridades da existência comum. O Mestre era, sem dúvida, o Embaixador do Céu. Entretanto, os princípios de que era portador mostravam-se transcendentes em demasia. Como enfrentar as dificuldades e resolvê-las? Ele, que acompanhava o Senhor, passo a passo, atravessava obstáculos imensos, de modo a segui-lo com fidelidade e pureza. Momentos surgiam em que, de súbito, via esfaceladas as promessas de melhoria íntima que formulava a si próprio. É quase impraticável a ascensão evangélica. Os ideais, as esperanças e objetivos do Salvador permaneciam excessivamente longínquos ao seu olhar... Se os óbices da jornada espiritual lhe estorvavam sadios propósitos do coração, que não ocorreria aos homens inscientes da verdade e mais frágeis que ele mesmo?"

Em razão disso, de quando em quando interpelava o Amigo celeste, desfechando-lhe indagações.

Jesus, persuasivo e doce, esclarecia:

— Filipe, não te deixes subjugar por semelhantes pensamentos. É indispensável instituir padrões superiores com a revelação dos cimos, inspirando os viajores da vida e estimulando-os, quanto for necessário... Se não descerrarmos a beleza do píncaro, como educar o Espírito que rasteja no pântano? Não menosprezes, impensadamente, a claridade que refulge, além...

— Mas, Senhor — obtemperava o companheiro sincero —, não será mais justo graduar as visões? O amor que pleiteamos é universal e infinito. A maioria das criaturas, porém, sofre estreiteza e incompreensão. Muitos homens chegam a odiar e perseguir como se praticassem excelentes virtudes. Filósofos existem que consomem a vida e o tempo entronizando os que sabem tiranizar. É razoável, portanto, diminuir a luz da revelação, para que se não ofusque o entendimento do povo. No transcurso do tempo, nossos continuadores se encarregariam de mais amplas informações...

O Cristo sorria, benevolente, e acrescentava:

— Se as ideias redentoras de nossos ensinamentos são focos brilhantes de Cima, reconheçamos que a mente do mundo está perfeitamente habilitada a compreendê-las e materializá-las. Não é a coroa da montanha que perturba a planície. E se obstáculos aparecem, impedindo-nos a subida, estas dificuldades pertencem a nós mesmos. Uma estrela beneficia sempre, convida ao raciocínio elevado; no entanto, jamais incomoda. Não maldigas, pois, a luz, porque todo impedimento na edificação do Reino celeste está situado em nós mesmos.

O velho irmão penetrava o terreno das longas perquirições interiores e concluía, afirmando:

— Senhor, como eu desejava compreender claro tudo isto! Silenciava Jesus na habitual meditação.

Luz acima

Certo dia, ambos se preparavam para alcançar os cimos do Hermon, em jornada comprida e laboriosa, quando o Apóstolo, ainda em baixa altitude, se pôs a admirar, deslumbrado, os resplendores que fluíam da cordilheira.
Terminara o lençol verdoengo e florido.
Atacaram a marcha no carreiro íngreme.
Agora, era a paisagem ressequida e nua.
Pequeninos seixos pontiagudos recheavam o caminho.

Não obstante subirem devagar, Filipe, de momento a momento, rogava pausa e, suarento e inquieto, sentava-se à margem, a fim de alijar pedras minúsculas que, sorrateiras, lhe penetravam as sandálias. Gastava tempo e paciência para localizá-las entre os dedos feridos. Dezenas de vezes, pararam, de súbito, repetindo Filipe a operação e, ao conquistarem as eminências da serra, banhados de sol, na prodigiosa visão da Natureza em torno, o Mestre, que sempre se valia das observações diretas para fixar as lições, explicou-lhe, brandamente:

— Como reconheces, Filipe, não foi a claridade do alto que nos dificultou a marcha e, sim, a pedrinha modesta do chão. O dia radioso nunca fez mal. Entretanto, muitas vezes, as questões pequeninas do mundo interrompem a viagem dos homens para Deus, nosso Pai. Quase sempre, a fim de prosseguirmos na direção do dever elevado e soberano, nossa alma requisita a cooperação dos outros, tanto quanto os pés necessitam da sandália protetora nestes caminhos escabrosos... Toda dificuldade na ascensão reside nos problemas insignificantes da senda... Assim também, na caminhada humana, as questões mais ínfimas, se conduzidas pela imprudência, podem golpear duramente o coração. Observa o minuto de palestra, a opinião erradia, o gesto impensado... Podem converter-se em venenosas pedrinhas que cortam os pés, ameaçando-nos a estabilidade espiritual. Entendes, agora, a importância das bagatelas em nosso esforço diário?

O pescador galileu meneou a cabeça, significativamente, e respondeu satisfeito:
— Sim, Mestre, agora compreendi.

~ 35 ~
Inesperada observação

Assim que a fama de Jesus se espalhou fartamente, dizia-se, em torno de Genesaré, que o Messias jamais desprezava o ensejo de ensinar o bem, por meio de todos os quadros da Natureza.

Ante as ondas revoltas, comentava as paixões que devastam a criatura; contemplando algum ninho com filhotes tenros, exaltava a sublimidade dos elos da família; à frente das flores campesinas, louvava a tranquilidade e a segurança das coisas simples; ouvindo o cântico das aves, reportava-se às harmonias do Alto. Ocasião houve em que de uma semente de mostarda extraiu glorioso símbolo para a fé e, numa tarde fulgurante de pregação consoladora, encontrara inesquecíveis imagens do Reino de Deus, lembrando um trigal. Explanou sobre o amor celeste, recorrendo a uma dracma perdida, e surgiu um instante, ó surpresa divina, em que o Cristo subtraíra infortunada pecadora ao apedrejamento, usando palavras que lhe denunciavam a perfeita compreensão da justiça!

Reconhecida e proclamada a sabedoria dele, porfiavam os discípulos em lhe arrancarem referências nobres e sábias palavras.

Por mais se revezassem na exposição de feridas e maldades humanas, curiosos de apreender-lhe a conceituação da vida, o Mestre demonstrava incessantes recursos na descoberta da "melhor parte".

Como ninguém, sabia advogar a causa dos infelizes e identificar atenuantes para as faltas alheias, guardado o respeito que sempre consagrou à ordem. Guerreava abertamente o mal e chicoteava o pecado. Entretanto, estava pronto invariavelmente ao socorro e amparo das vítimas. Se vivia de pé contra os monstros da perversidade e da ignorância, nunca foi observado sem compaixão para com os desventurados e falidos da sorte. Levantava e animava sempre. Estimulava as qualidades superiores sem descanso, surpreendia ângulos iluminados nas figuras aparentemente trevosas.

Impressionados com aquela feição dele, Tiago e João, certa feita, ao regressarem de rápida estada em Cesareia, traziam, espantados, o caso de um ladrão confesso, que fora ruidosamente trancafiado no cárcere...

Pisando Cafarnaum, de retorno, Tiago disse ao irmão, após relacionar as dificuldades do prisioneiro:

— Que diria o Senhor se viesse a sabê-lo? Tiraria ilações benéficas de acontecimento tão escabroso?

Ouvido pelo irmão, com indisfarçável interesse, rematou:

— Dar-lhe-ei notícias do sucedido.

Com efeito, depois de abraçarem Jesus, de volta, o filho de Zebedeu passou a narrar-lhe a ocorrência desagradável, em frases longas e inúteis.

— O criminoso de Cesareia — descreveu, prolixo — fora preso em flagrante, em seguida à audaciosa tentativa de roubo, que perdurara por seis meses consecutivos. Conhecia, por meio de informações, vasto ninho de joias pertencentes a importante família romana e, por cento e oitenta dias, cavara ocultamente a parede rochosa, de modo a pilhar as preciosidades, sem testemunhas. Fizera-se passar por escravo misérrimo, sofrera açoites na carne, padecera fome e sede, por determinações de capatazes insolentes, trabalhara de sol a sol num campo não distante da residência patrícia, tão só para valer-se da noite, na transposição do obstáculo que o inibia de apropriar-se dos camafeus e das pedras, das redes de ouro e dos braceletes de brilhantes. Na derradeira noite de trabalho sutil, foi seguido pela observação de um guarda cuidadoso e, quando mergulhava as mãos ávidas no tesouro imenso, eis que dois vigilantes espadaúdos agarram-no pressurosos. Buscou escapar, mas debalde. Rudes bofetadas amassaram-lhe o rosto, e dos braços duramente golpeados corria profusamente o sangue. Aturdido, espancado, depois de sofrer pesadas humilhações, o infeliz, agonizando, fora posto a ferros em condições nas quais, talvez, não lhe seria dado esperar a sentença de morte...

O Mestre ouviu a longa narrativa em silêncio e, porque observasse a atitude expectante dos aprendizes, neles fixou o olhar percuciente e doce e falou:

— Se a prática do mal exige tanta inteligência e serviço de um homem, calculemos a nossa necessidade de compreensão, devotamento e perseverança no sacrifício que nos reclama a execução do verdadeiro bem.

Logo após, afastou-se, pensativo, enquanto os dois jovens companheiros se entreolhavam, surpresos, sem saberem que replicar.

~ 36 ~
Nas hesitações de Pedro

Logo depois de se estabelecerem os apóstolos em Jerusalém, em seguida às revelações do Pentecostes, ia o serviço de assistência social maravilhosamente organizado, não obstante as perseguições que se esboçavam, quando a casa acolhedora, dirigida por Simão Pedro, foi procurada por infeliz mulher. Trazia consigo todos os estigmas das pecadoras. Fora lapidada e exibia manchas sanguinolentas na roupa em frangalhos. Pronunciava palavras torpes. Revelava-se semilouca e doente.

As senhoras do reduto cristão retraíram-se, alarmadas. E o próprio Pedro, que recebera preciosas lições do Senhor, vacilou quanto à atitude que lhe seria adequada.

Como haver-se nas circunstâncias? Destinava-se aquele abrigo ao recolhimento de criaturas desventuradas; entretanto, como classificar a triste posição daquela mulher que, naturalmente, buscara o vaso da angústia nos excessivos gozos da vida? Não estaria a sofredora resgatando os próprios débitos? Se bebera com loucura na taça dos prazeres, não lhe caberia o fel da aflição?

Dispunha-se a rogar-lhe que se afastasse do asilo, quando recordou a necessidade de orar. Se o caso era omisso nas disposições que regiam o instituto fraterno, tornava-se imperioso consultar a inspiração do Messias.

O Mestre lhe ditaria o recurso. Buscar-lhe-ia, por isso, o conselho na prece ardente.

Enquanto a infortunada aguardava resposta, sob o apupo de pequena multidão que lhe contemplava as feridas, o Apóstolo buscou a solidão do santuário doméstico e exorou a proteção do Amigo divino, que fora crucificado.

Em breves instantes, viu Jesus, nimbado de claridade resplandecente, não longe de suas mãos, que se estenderam suplicantes.

— Mestre — rogou Pedro, atacando diretamente o assunto, como quem sabia da brevidade daqueles momentos inesquecíveis —, temos à entrada uma pecadora, reconhecidamente entregue ao mal! Ajuda-me, inspira-me!... que farei?!...

O Salvador entreabriu os lábios sublimes e falou:

— Pedro, eu não vim curar os sãos...

O discípulo entendeu a referência, mas, ponderando a grave responsabilidade de quem administra, acentuou:

— Senhor, estamos agora sem tua orientação direta e visível. Recebê-la-emos neste lar, para quê? A fim de julgá-la?

Com o mesmo olhar sereno, Jesus replicou:

— Nesse mister permanecem na Terra numerosos juízes.

— Para fazer-lhe sentir a extensão dos erros? — indagou Simão, em lágrimas.

— Não, Pedro — tornou o Mestre —, para dar-lhe conhecimento da penúria em que vive, conta nossa irmã, nas vias públicas, milhares de bocas que amaldiçoam e outras tantas mãos que apedrejam.

— Para conferir-lhe a noção do padecimento em que se mergulhou por si mesma?

— Também não. Em tarefa ingrata como essa, vivem aqueles que a exploram, dando-lhe fome e sede, pranto e aflição...

— Para dizer-lhe das penas que a esperam neste e no "outro mundo"?

— Ainda não. Nesse labor terrível respiram os Espíritos acusadores, que não hesitam na condenação em nome do Pai, olvidando as próprias faltas...

O ex-pescador de Cafarnaum, então, chorou, súplice, porque no íntimo desejava conformar-se com os ditames da justiça, exemplificando, simultaneamente, com o amor que o Cristo lhe havia legado. Arquejava, soluçante, ignorando como prosseguir nas indagações, mas Jesus dele se acercou, iluminado e benevolente... Enxugou-lhe as lágrimas que corriam abundantes e esclareceu:

— Pedro, para ferir e amaldiçoar, sentenciar e punir, a cidade e o campo estão cheios de maus servidores. Nosso ministério ultrapassa a própria justiça. O Evangelho, para ser realizado, reclama o concurso de quem ampara e educa, edifica e salva, consola e renuncia, ama e perdoa... Abre acesso à nossa irmã transviada e auxilia-a no reerguimento. Não a precipites em despenhadeiros mais fundos... Arranca-a da morte e traze-a para a vida... Não te esqueças de que somos portadores da Boa Nova da salvação!...

Logo após, entrou em silêncio, diluindo-se-lhe a figura irradiante na claridade evanescente da hora vespertina...

O Apóstolo levantou-se, deu alguns passos, atravessou extensa fileira de irmãos espantados, abriu, de manso, a porta e dirigiu-se à mulher, acolhedor:

— Entre, a casa é sua!

— Quem sois? — interrogou a infeliz, assombrada.

— Eu? — falou Pedro, com os olhos empapuçados de chorar. E concluiu:

— Sou seu irmão.

~ 37 ~
Candidato impedido

Quando o Mestre iniciou os serviços do Reino celeste, em torno das águas do Genesaré, assinalando-se por indiscutíveis triunfos no socorro aos aflitos e comentando-se-lhe as disposições de receber companheiros e aprendizes, muita gente apareceu ávida de novidade, pretendendo o discipulado. Não seria agradável seguir aquele homem divino, que restaurava a saúde dos paralíticos e abria novos horizontes à fé? A palavra dele, repassada de amor, falava de um reino porvindouro, onde os aflitos seriam consolados. Suas mãos, como que tocadas de luz sublime, distribuíam paz e bem-aventurança, bom ânimo e alegria. Acompanhá-lo seria serviço tentador.

Em razão disso, muito grande era o número de mulheres e homens que o buscavam diariamente.

Acreditava-se em nova ordem política na província. Sobrariam talvez posições importantes e remunerações expressivas.

Mães esperançadas procuravam confiar os filhos ao Messias Nazareno. Jovens e velhos entusiastas vinham, de longe, de modo a se colocarem na dependência dele. Para quantos que se lhe apresentavam, voluntariamente, pronunciava uma frase amiga, mostrava um sorriso benévolo, fixava um gesto confortador.

Foi assim que, em radiosa manhã, quando o Senhor descansava na residência de Levi, por alguns minutos, apeou de uma liteira adornada certo cavalheiro a caracterizar-se pelo extremo apuro.

O recém-chegado tratou, célere, do objetivo que o trazia. Interpelou o Cristo, diretamente. Queria o discipulado. Ouvira comentários ao novo Reino e desejava candidatar-se a ele. Sobretudo — esclareceu, fluente —, honrar-se-ia acompanhando o Mestre, ao longo de todas as suas pregações e ensinamentos.

O Profeta contemplou-lhe a indumentária brilhante e perguntou:

— Em verdade, aceitas os testemunhos do apostolado?

— Perfeitamente — replicou o moço, cortês.

— Hoje — disse o Mestre, após longa pausa —, temos em Cafarnaum dois loucos agonizantes, num telheiro junto à casa de Pedro, reclamando cooperação fraternal. Poderás ajudar-nos a socorrê-los?

O rapaz franziu a testa e acentuou:

— Não hesitaria. Entretanto, sou armeiro de Fassur, principal da casa de Herodes e guardo esse título com veneração. A um pajem de minha estirpe não ficaria adequado semelhante serviço. Os nobres da raça poderiam identificar-me. A crítica não me perdoaria e talvez não pudesse satisfazer a incumbência...

Jesus não se irritou.

Contemplando o interlocutor surpreendido, propôs, bondosamente:

— Duas órfãs estão em casa de Joana, aguardando mão carinhosa que as ampare. Quem sabe? Dispondo de tantas relações prestigiosas, não conseguirias encaminhá-las a destino edificante? São meninas necessitadas de proteção sadia.

— Oh! não posso! — exclamou o noviço, escandalizado — sou explicador dos textos de Ezequiel e dos trenos de Jeremias, fora de Jerusalém. Documentação de sacerdotes ilustres aprova-me a cultura sagrada. A um intérprete do testamento, de minha condição, não quadraria a oferta de crianças desprezadas... Como vemos...

Sem alterar-se, o Mestre lembrou:

— Um paralítico moribundo foi recolhido à casa de Filipe. Veio transportado de grande distância, pleiteando a cura impossível. Está cansado, aflito, e Filipe permanece ausente em missão de socorro... Se lhe desses dois dias de assistência piedosa, praticarias nobre ação...

— É impraticável! — tornou o rapaz — sou fiscal das disposições do Levítico e, nessa função, provavelmente seria compelido a isolar o enfermo no vale dos imundos... A medida é imperiosa se ele houver ingerido carnes impuras.

O Senhor esboçou um sorriso e agradeceu.

Insistindo, porém, o interlocutor, Jesus indagou:

— Que pretendes, enfim?

— Garantir futura representação do Reino que se aproxima...

O Nazareno fitou nele o olhar translúcido e redarguiu:

— Erraste o caminho. Naturalmente o teu carro deve seguir para Jerusalém, onde se concentram todos aqueles que distribuem cargos bem pagos.

— Mas, reitero a solicitação — disse o armeiro de Fassur —, quero colocar-me dentro da nova ordem!...

Apesar do imperativo que transparecia daquela voz, o Mestre finalizou, muito calmo:

— Prossegue em teu caminho e não teimes. Realmente, reclamamos companheiros para o ministério. Já possuis, todavia, muitos títulos de inibição e o Evangelho precisa justamente de corações desembaraçados que estejam prontos ao necessário auxílio em nome de nosso Pai.

O explicador dos textos de Ezequiel deu uma gargalhada, olhou para o Messias evidenciando inexcedível sarcasmo, qual se houvera defrontado um louco, e partiu sem compreender.

～ 38 ～
Entre o bem e o mal

O Gênio do Bem e o Gênio do Mal aproximaram-se simultaneamente do homem e ocuparam-lhe as antenas receptivas da mente, disputando-lhe a colaboração.

Empenhado na construção do Reino de Deus, sobre a Terra, o Gênio do Bem, mais poderoso e mais forte, assoprou-lhe a fronte, desanuviando-a, e notificou-lhe, através do "sem fio" do pensamento:

— Filho meu, venho abrir-te caminho para a luz eterna. Arrebatar-te-ei a sublimes culminâncias. Integrarás o séquito de cooperadores do Altíssimo. Com o teu concurso, o planeta libertar-se-á da peste, da fome e da guerra e o paraíso brilhará entre as criaturas...

Fremia o homem de gozo íntimo.

O nume celeste, porém, passou a relacionar as condições:

— Para esse fim, iniciarás os serviços renunciando às facilidades humanas.

"Regozijar-te-ás quando fores desprezado.

"Servirás sem descanso.

"Nunca reclamarás recompensa.

"Ajudarás ao necessitado que se perdeu no sofrimento e ao ímpio que se precipitou nos despenhadeiros da ignorância.

"Alegrar-te-ás com a prosperidade de todos e preferirás o sacrifício de ti mesmo.

"Rejubilar-te-ás com o êxito de teus amigos, tanto quanto lhes partilharás a dor.

"Não te deterás sobre as imperfeições de ninguém; entretanto, vigiarás, dia e noite, os teus próprios defeitos, de maneira a corrigi-los definitivamente.

"Confiarás no Senhor de modo invariável, ainda mesmo quando o desânimo te assedie por todos os lados.

"Não pleitearás o incenso bajulatório.

"Fixar-te-ás no dever, acima de todas as considerações, convicto de que toda a glória pertence ao Criador.

"Estimarás os que te não compreendam.

"Desculparás, centenas de vezes, diariamente.

"Não perderás tempo na curiosidade vazia.

"Consagrar-te-ás à prática do bem, sem perguntas vãs.

"Não te prenderás aos resultados da ação, para que os cárceres floridos não te surpreendam a alma.

"Colabora no bem de todos, aprendendo a servir.

"E, sobretudo, não te esqueças de que só o amor sacrificial te conferirá energias e recursos para a obra imortal que proponho."

Interrompeu-se o anjo, e o homem, longe de entusiasmar-se com a oferta, entregou-se a profunda estranheza...

Nesse instante, o Gênio do Mal, interessado na conservação do império do "eu", assoprou-lhe a fronte, turvou-a com o magnetismo da ilusão e falou:

— Meu filho, não te preocupes com os ideais superiores.

"As estrelas são maravilhosas lâmpadas no firmamento, mas são inalcançáveis.

"Auxilia-me a conservar a Terra tal qual é, para que a luz nos não incomode o milenário serviço de sombras.

"Alarga a tua gaiola e põe as almas desprevenidas dentro dela.

"Prende nas mãos os que se acerquem de teu roteiro.

"Jamais perdoes, porque perdão é fraqueza...

"Antes de ser bom, preocupa-te em não seres tolo.

"A renúncia é a arte dos covardes.

"Se alguma bomba te ameaça o domicílio, trata de colocá-la à porta do vizinho.

"Nunca te sacrifiques por ninguém.

"Concentra-te nos lucros imediatos e multiplica vantagens e direitos.

"Quando não encontrares cortejadores do teu nome, diligencia o louvor em boca própria.

"Não cogites de muita construção elevada, mas não te esqueças de boa e contínua propaganda de ti mesmo.

"Pensa em ti noventa e nove vezes e reflete nos interesses dos outros apenas uma vez em cada cem, caso te seja isso possível. Assim vencerás.

"Não acredites em paz, fora de teu leito ou de tua mesa, nem gastes tempo com o mito da fraternidade universal.

"Amontoa pedras preciosas e ouro puro, convertendo-os em forte coluna no cimo da qual possas conversar tranquilamente com os teus semelhantes.

"Recorda que a trincheira monetária é o único lugar do planeta em que respirarás suficientemente seguro.

"Em troca de tua colaboração valiosa — e o portador do mal fez carantonha diabólica — auxiliar-te-ei a obter boa casa, cama confortadora, prazeres e comida farta."

O homem acabou de registrar a proposta no pensamento e quase enlouqueceu de alegria. Incumbiu-se, ele mesmo, de desligar-se da influência do Gênio do Bem e confiou-se, desvairado, ao Gênio do Mal.

O mensageiro do céu viu-se posto à margem e o satânico inspirador, lançando-lhe sarcástico olhar, desafiou:

— Então? Não me arrebatarás o aliado incondicional.

Reparando, contudo, que o emissário divino permaneceu calado, bradou estentórico:

— Por que não confundes o homem com o teu poder e sabedoria?

O interpelado respondeu sem irritar-se:

— Tenho mais quefazeres e não me cabe despender as horas em contendas inúteis. O assunto, porém, não está liquidado. Se o Gênio da Dor não passar por aqui em breves dias, voltarei, mais tarde, em companhia do Gênio da Morte...

E afastou-se, rápido, certamente no intuito de dirigir-se a outros homens.

~ 39 ~
A indagação do inspetor

O agrupamento doutrinário, naquela noite, apresentou aspecto festivo. Duas semanas antes, Abel, um dos orientadores espirituais da casa, anunciou a visita de um mensageiro de Jesus, marcada para aquela hora. Viria de muito alto, não só trazendo a bênção do Senhor, mas também no propósito de inspecionar a humilde instituição.

Deviam preparar-se os companheiros para a venerável presença e, em razão disso, a pequena comunidade se desdobrou em serviço e carinho.

Nas paredes muito limpas viam-se tufos de flores odorantes. A luz derramava-se, profusa, de lâmpadas bem cuidadas. Extenso tapete amortecia o rumor dos passos de quantos, cautelosamente, penetravam o recinto e a atmosfera recordava o sagrado silêncio de um templo antigo.

Quando os dez cooperadores encarnados se agregaram em torno da mesa simples e acolhedora, a rogativa do diretor se elevou comovente e cristalina.

Nós mesmos, ouvindo-a, registrávamos inefável emoção.

O grupo, realmente, constituía-se de servidores da crença, sinceros e bem-intencionados. Talvez, por isso mesmo, merecia a elevada deferência da noite.

Terminada que foi a oração de abertura, fomos notificados de que o embaixador de cima não tardaria.

Com efeito, em dois minutos, inundou-se o ambiente de suave luz.

O emissário, como que cercado por vasta auréola de estrelas evanescentes, ingressou no santuário, revelando expressão de sublime benevolência.

Cumprimentou-nos, afavelmente, incorporou-se ao médium mais apto e, demonstrando avançada sabedoria e inexcedíveis virtudes, saudou a turma em serviço, comentando a magnanimidade de Jesus que nos permitia o júbilo daqueles momentos reconfortantes. Exaltou a expectativa da esfera superior, relativamente à colaboração humana, e, em seguida, pediu que os amigos encarnados algo informassem, individualmente, com referência ao Espiritismo cristão na existência de cada um deles.

Tínhamos a ideia de contemplar iluminado instrutor em delicada maratona, junto a reduzida e estudiosa classe escolar.

Constrangidos pela generosidade e pelo carinho da solicitação, os companheiros passaram a responder, começando pelo condutor da assembleia.

— Graças a Deus! — informou o presidente do grupo — tenho aqui minha luz confortadora. O Espiritismo renovou-me os caminhos... Sou outro homem. Meu desagradável passado desapareceu... Em tempo algum recebi tamanha claridade no coração! Sou feliz, meu grande benfeitor, e agradeço ao supremo Pai a dádiva do conhecimento que tanta ventura me trouxe!...

Logo após, falou D. Castorina, devotada cooperadora da organização:

— Encontrei nesta fé consoladora o meu refúgio de paz. Bendito seja Jesus, o nosso divino Mestre!...

Depois dela, o Sr. Câmara, médium em desenvolvimento, esclareceu emocionado:

— A Nova Revelação é maravilhosa fonte de alegria para minha alma. Não posso expressar a gratidão que me vibra no ser.

Calando-se o companheiro, o Sr. João Costa, admirável intérprete das ideias cristãs, explicou:

— Beneficiado que fui pelo Espiritismo, nunca mais sofri dúvidas. O Evangelho dá-me agora definitiva segurança, pois reconheço que a Justiça divina é perfeita e que o Espírito é imortal.

A senhora dele, logo que o marido silenciou, tomou a palavra, assegurando:

— A Doutrina é minha vida!...

Finda aquela assertiva breve, o Sr. Freitas, atencioso leitor de teses científicas e mais loquaz que os outros, comentou em fraseologia brilhante as ponderações "richeístas", referiu-se ao metapsiquismo europeu e terminou, afiançando:

— O Espiritismo é o único sistema que pacifica a inteligência. Nele, temos a crença, a razão e a lógica perfeitamente atendidas.

Depois disso, D. Emerenciana enunciou:

— Nos princípios do Espiritismo cristão, achei a minha felicidade.

E D. Nair, ao lado dela, ajuntou:

— Eu também.

Por último, o Sr. Soares, fundamente concentrado na prece, exclamou:

— O Espiritismo é o meu farol definitivamente aceso... Sem ele, há muito tempo eu estaria nas trevas do crime...

Retornando à quietude anterior, o emissário agradeceu a reverência e o carinho que transpareciam das respostas ao pedido que formulara e acrescentou:

— Meus amigos, que a Nova Revelação é indiscutível mensagem do Céu para os caminhos humanos, estabelecendo o império do bem, provando a sobrevivência da alma além da morte e oferecendo conforto positivo, não padece qualquer dúvida! Todos vos sentis edificados, esclarecidos e felizes!... Mas o que Jesus deseja saber é justamente o que vindes realizando com essa bênção. Em verdade, o Espiritismo é vossa lâmpada... que tendes feito dela? É um ideal superior... que proveito organizais com ele? É uma dádiva celestial... que benefícios produzis em vós outros ou em derredor de vossos passos, usando semelhante graça?

Interrompeu-se o inspetor divino e, em vista de se calarem os circunstantes, respeitosamente, a se entreolharem agora espantadiços, o venerando amigo despediu-se, bem-humorado, e prometeu voltar breve.

～ 40 ～
Rogativa reajustada

Ildefonso, o filho de D. Malvina Chaves, dama profundamente virtuosa e devotada à causa do bem, há quatro longos anos jazia semiacamado; entretanto, preso à situação difícil, assemelhava-se a um cordeiro. Parecia estimar as preces maternas, consagrava-se à leitura edificante e sabia conversar, respeitoso e gentil, encorajando quem o visitasse.

Contemplando-o, comovidamente, a desvelada mãe inquiria o Médico divino, ansiosa:

— Senhor, que motivo trouxe meu filho à invalidez? Não te parece doloroso imobilizar a juventude aos 18 anos? Traze-o, de novo, aos movimentos da vida! Restaura-lhe o equilíbrio, por piedade! Levanta-o e consagrar-me-ei inteiramente ao teu divino serviço!...

As lágrimas do sublime coração materno sufocavam as palavras na garganta, emocionando os amigos espirituais que a assistiam em silêncio.

No propósito de obter a concessão celeste, a prestativa senhora sacrificava-se por meio de todas as atividades socorristas.

Visitava moribundos, amparava sofredores, protegia crianças abandonadas e arriscava a própria saúde e os recursos na caridade operante, conquistando prestigiosos colaboradores no plano invisível.

Em virtude dos inúmeros laços de simpatia e reconhecimento, as súplicas da estimada matrona eram agora secundadas por imenso grupo de entidades espirituais, que imploravam diariamente a renovação do destino de Ildefonso. Reclamava-se para ele plena liberdade de movimentação. Esclarecia-se que na hipótese de o enfermo não merecer a graça, o benefício não deveria tardar, mesmo assim, considerando-se os méritos da genitora, mulher admirável na fé e no devotamento.

Tantos rogos se multiplicaram e tantas simpatias se entrelaçaram, que, um dia, a ordem chegou de mais alto, determinando que o jovem fosse reajustado cem por cem.

Os trabalhadores invisíveis, jubilosos, aguardaram ensejo adequado; e quando surgiu um médium notável, no setor da tarefa curativa, a senhora Chaves foi inspirada a conduzir o filho até ele.

O missionário recebeu-a solícito e declarou-se pronto a contribuir no socorro ao doente, em obediência aos desígnios superiores.

A mãezinha fervorosa observou, no entanto, que aguardava a cura completa, em face da confiança que a orientara até ali.

O servo da saúde humana, cercado de Espíritos amorosos e agradecidos, orou, impôs as mãos sobre o hemiplégico e transmitiu, vigorosamente, os fluidos regenerativos dos benfeitores desencarnados.

Em breves dias, o prodígio estava realizado.

Ildefonso recuperou o equilíbrio orgânico, integralmente.

E a genitora, feliz, celebrou a bênção, multiplicando serviços de compaixão fraterna e gestos de elevada renovação espiritual.

Um mês desdobrara os dias comuns, quando dona Malvina começou a desiludir-se.

Ildefonso, curado, era outro homem. Perdera o amor pelas coisas sagradas. Pronunciava palavrões de minuto a minuto.

Luz acima

Convidado à prece, informava, irreverente, que a religião era material de enfermarias e asilos e que não era doente nem velho para ocupar-se de semelhante mister. Inadaptado ao trabalho, fugia à disciplina benéfica. Trocava o dia pela noite, tal a pressa de esfalfar-se em noitadas ruidosas. Parecia vigilante do clube noturno e suas despesas desordenadas não chegavam a termo. Se a mãezinha pedia reconsideração de atitudes, sorria, escarninho, asseverando a intenção de recuperar o tempo que perdera por meio de espreguiçadeiras, drogas e injeções.

Com dez meses, era um transviado autêntico.

Embriagava-se todas as noites, tornando ao lar nos braços de amigos, e, quando a genitora, impondo-lhe repreensões educativas, se negou a pagar-lhe a centésima conta mais exagerada, Ildefonso falsificou a assinatura de um tio em escandaloso saque de grandes proporções.

A generosa mãe não sabia como solver o enigma do filho rebelde e ingrato.

Queixas surgiam de toda parte. Autoridades e parentes, amigos e desconhecidos traziam reclamações infindáveis.

A abnegada senhora via-se aflita e estonteada, ignorando como reajustar a situação, quando, certa noite, pedindo ao filho ébrio lhe respeitasse os cabelos brancos, foi por ele agredida a pancadas que lhe provocaram angustiosas feridas no coração. Sem palavras de revolta, D. Malvina, a abençoada intercessora, procurou a câmara íntima, em silêncio, e rogou:

— Médico divino, compreendo-te agora os desígnios sábios e justos. Meu filho é também uma ovelha de teu infinito rebanho!... Não permitas, divino Amigo, que ele se converta num monstro!... Não sei, Senhor, como definir-lhe as necessidades, mas faz-me entender-te as sentenças compassivas e modifica-lhe a rota desventurada!...

Enxugando o pranto copioso, repetiu as palavras evangélicas:

— Sou tua serva... Faça-se em mim, segundo a tua vontade!...

Intensa luminosidade espiritual resplandecia em torno de sua cabeça venerável. Nova bênção desceu de mais alto e, com surpresa de todos, no dia imediato, Ildefonso acordou paralítico...

~ 41 ~
Na interpretação rigorista

Juvenal Silva, após longa incursão nos domínios espiritualistas, concluiu que as aflições humanas representavam fatalidade, que a dor constituía inevitável espinho e que não seria razoável imiscuir-se nas questões de auxílio. Não afirmavam os filósofos e instrutores que o indivíduo recebe sempre de acordo com os próprios méritos? Se não era possível modificar a estrutura da semente, por que a audácia de transformar as situações? Examinando todas as teses doutrinárias "ao pé da letra", rematava convicto: "Para que ajudar? Se o aleijado respira sem movimento e se o pobre sofre miséria e infortúnio, certo, obedecem a desígnios que não nos compete perturbar".

Às vezes, em companhia de amigos íntimos, pilheriava:

— Se eu der 20 cruzeiros ao malfeitor fantasiado de mendigo, provavelmente comprará recursos com que possa atacar o primeiro viandante desprevenido que lhe apareça.

Em algumas ocasiões, recorria ao caso da víbora enregelada que, socorrida pelas mãos de caridoso caminheiro, readquirira o equilíbrio, inoculando-lhe veneno letal.

Retraído nas interpretações que lhe agradavam, passou a vida, paradoxalmente. Aceitava a Revelação divina, mas negava o espírito de sacrifício. Se algum companheiro ponderava a inconveniência do rigorismo, à frente dos textos sagrados, valia-se das passagens que, de algum modo, lhe garantiam os pontos de vista e observava:

— O próprio Cristo não asseverou que nem um fio de cabelo da cabeça cairá sem que o Pai o queira? Se nossas dificuldades estão dependendo da vontade de Deus, como entender as interferências da criatura?

Cristalizando-se-lhe a estranha atitude mental, tratou de ensimesmar-se na Terra. Depois de trancafiar-se na torre falsa do individualismo excessivo, cercou-se de cofres pesados e flores leves num palacete que resumia os mais avançados serviços de conforto moderno. Sentindo-se amplamente desobrigado de auxiliar a quem quer que fosse, amealhou facilmente o que pôde, preservando-se para o futuro.

No campo teórico, era notável discursador; mas, no terreno da ação, Juvenal entregara-se, inerme, às sugestões que o egoísmo lhe oferecia. Se irmãos de luta lhe batiam às portas, implorando socorro para desamparados, informava, semicolérico:

— Não dou. Cada qual recebe o que merece. Onde guardarão vocês a cabeça? Isto é invasão de seara alheia. A beneficência é dever do Estado. Não posso interferir com autoridades.

Quando alguém lhe dizia que a dor não esperava por decretos e que a morte não costumava ler portarias governamentais, explodia furioso:

— Cada espírito se cerca daquilo que merece ou que pede.

E lá vinha Juvenal com vastíssima série de referências às leis regenerativas. Para firmar-se, estribava em estudos de toda sorte. Recorria a doutrinas orientais e ocidentais. Citava inumeráveis exemplos da própria vida. E ninguém lhe deslocava o parecer.

De tempos a tempos, surgiam senhoras caritativas, reclamando contribuição para a benemerência social. Ele, contudo, reagia forte:

— Perdoem-me — exclamava, irritadiço —, mas creio guardarem escassos deveres em casa. De outro modo, não perturbariam o serviço divino, porquanto esta caridade pedinchona não se harmoniza com a justiça. Se vocês soltarem todos os malfeitores presos à grade do sofrimento adequado, que seria do mundo em que vivemos? Saibam que não as acompanho. Sou adversário da desordem.

Invariavelmente, retiravam-se as protetoras dos necessitados, em meio à tristeza e ao desapontamento.

Em semelhante rumo, prosseguiu Juvenal até a desencarnação, finda a qual, entrou em aflitivo isolamento.

Vivia a esmo, como que envolvido numa coluna de neblina espessa. Lamentava-se, chorava, pedia auxílio, mas em vão. Pressentia a passagem de muita gente em torno dele; mas ninguém lhe prestava atenção.

Apareceu, todavia, um momento em que o desventurado foi atendido por um mensageiro da assistência divina.

Valendo-se do ensejo, lastimou-se, suplicou, exigiu.

Afinal — declarava em desespero —, não fora um criminoso, um perverso...

O enviado, de olhar translúcido e coruscante, informou calmo:

— Filho, cada qual recolhe o que planta. A árvore do egoísmo não produz flores de cordialidade.

Juvenal desfez-se em explicações. Acusado pela consciência, pretendia argumentar contra si próprio. Se não praticara maior soma de bens é que supunha conveniente não dever contrariar os dispositivos das provações remissoras.

— Sim — acrescentou o emissário, sereno —, de acordo com os mesmos princípios, compreende-se-lhe, agora, a solidão...

— Quer dizer — exclamou Silva, desalentado — que deveremos invadir os celestes desígnios?

O mensageiro, porém, esclareceu sem perturbar-se:

— Se a dor humana é lavoura de renovação para quem sofre e resgata, é também sementeira sublime para todos aqueles que

desejam plantar o bem imperecível. De outra forma, Jesus não precisaria imolar-se na cruz por nós todos.
O interlocutor escutava, admirado. Antes, contudo, de sua argumentação, o venerável socorrista indagou, direto:
— Juvenal, se você, quando via alguém aproximar-se de sua porta ou de sua personalidade, conhecia de tão perto a questão do merecimento, nunca pensou que a sabedoria e o programa de Deus atuavam em cada acontecimento, através de ligações invisíveis, porque o sofredor ou o necessitado já se faziam dignos de seu amparo e de sua proteção?
Silva que, não obstante egoísta, recorria ao raciocínio e à lógica, perdeu o gosto de responder, mergulhou a cabeça entre as mãos e começou a meditar.

~ 42 ~
Até Moisés

Quando Euclides Brandão desencarnou, aguardava imediato ingresso ao Paraíso.
Vivera de Bíblia na mão, consultando textos diversos.
Declarava sempre que os dez mandamentos lhe controlavam a vida. Em pensamento, embora quisesse o mundo inteiro para si, reverenciava a Deus, não lhe pronunciava debalde o santo nome, observava o descanso dominical, honrava os pais, não matava, não adulterava, não furtava, não cobiçava, de público, os bens do próximo, não obstante enredar as circunstâncias em seu favor, quanto lhe era possível, e não se entregava aos falsos testemunhos.
Por tudo isso, sentia-se Brandão com direitos líquidos no país da morte.
Atingindo, porém, o limite, entre este mundo e o "outro", em plena alfândega da espiritualidade, o nosso companheiro surpreendeu-se. Era atendido sem considerações especiais. Naquele vasto recinto de trabalho seletivo, via-se tratado como consulente vulgar numa agência de informações.

Chamado a esclarecimentos, travou-se entre ele e o funcionário da Justiça Divina interessante diálogo, depois das saudações espontâneas:

— Não há ordem, determinando minha transferência definitiva para o Céu? — perguntou confiadamente.

O interpelado, com jovial expressão, observou após inteirar-se, com pormenores, quanto à sua procedência:

— Não foi expedida qualquer resolução superior nesse sentido. O amigo era cristão?

— Sem dúvida — replicou Euclides, mordido no amor-próprio —, aceitei Jesus integralmente.

— Aceitou-o e seguiu-o?

— Perfeitamente. Lia-lhe o testamento dia e noite.

— Lia-o e praticava-o?

— Com a máxima exatidão.

— Retirando, porém, os benefícios do Evangelho, aproveitava-se dele para renovar-se em Cristo, revelando-se melhor no aprendizado da sabedoria e da virtude?

Euclides respondeu afirmativamente. E porque se mostrasse um tanto melindrado com as interrogações, o fiscal da esfera superior recomendou-lhe enfileirar alguns dados autobiográficos, o mais sucintamente possível. Pretendia decifrar o enigma.

Encorajado, Brandão foi claro e breve.

— Eu — disse ele, demonstrando o gosto de exprimir-se invariavelmente na primeira pessoa — fui um homem justo na Terra. Sempre guardei cuidado em preservar esta característica de minha personalidade. Se recebia dos outros bondade e respeito, pagava com moedas iguais. Aos que me agradavam, aquinhoei com as vantagens suscetíveis de serem articuladas com a minha influência. Tanto assim que deixei meus haveres a quantos me souberam conquistar simpatia. A todos, porém, que me fizeram mal, retribuí conforme propunham. Nunca tive inclinação para ajudar malfeitores, porque para eles não há suficientes grades no mundo.

Quando molestado pelos maus, sabia conjugar o verbo corrigir e, se me incomodavam duramente, punia-os com aspereza. Corda e ferro não podem ser esquecidos na melhoria dos homens. Em sendo perseguido, jamais permiti que os amigos me tomassem dianteira na desforra. Não me calava ante qualquer desafio; por isso, se era convidado a contender, competia-me ganhar as demandas. Pisado pelos outros, dava o troco, de conformidade com as circunstâncias em que recebia as ofensas. Nunca perdi tempo, ensinando a delinquentes e vagabundos o que não desejavam aprender, e, se as pessoas nobres tratei com generosidade, ofereci aos desonrados a repulsa que mereciam. Quando recebido a flores, improvisava um jardim aos que me favorecessem; mas, se era surpreendido com as pedradas, respondia com uma chuva de pedras.

Fez longa pausa e acentuou:

— Não suponha que exerci a justiça com facilidade. Ao homem de minha estirpe, que procura ser equilibrado e cristão, muito ingrata é a experiência terrestre.

Estampou engraçada expressão fisionômica e ajuntou:

— Segundo vê, minhas reclamações são oportunas. Se o Paraíso não estiver aberto para mim, que andei de Bíblia nas mãos...

O funcionário celeste, bem-humorado, interveio para esclarecer:

— O plano superior não lhe cerrará a passagem, conquanto, Brandão, a sua justiça não haja conhecido a misericórdia...

— Oh! mas nunca assumi compromissos sem consultar os sagrados textos!...

— Sim — disse o sábio interlocutor —, você chegou até Moisés. Voltará naturalmente ao corpo de carne, a fim de prosseguir o aprendizado com Jesus Cristo.

E, sorridente, acrescentou:

— Seu curso está com um atraso de mil e novecentos anos...

Foi ao ouvir este esclarecimento que Euclides baixou a cabeça e calou-se, como quem se dispunha a refletir...

~ 43 ~
Com lealdade fraterna

Meu amigo: alega você a impossibilidade de aceitar-nos a sobrevivência, por não atestarem seus olhos a nossa presença espiritual. E acentua que não pode copiar Santo Agostinho na repentina modificação. É provável que você, no íntimo, se julgue superior ao discípulo de Santo Ambrósio, mas pode crer que a sua dúvida é leviana e infantil.

Sua declaração menciona filósofos e cientistas, salientando os ateus com frases louvaminheiras.

A rigor, não deveríamos perder tempo com as suas indagações; entretanto, por despertarem pensamentos graves, cumpre-nos registrá-las e a elas responder.

É que você vive, em grande percentagem, daquilo que permanece invisível aos olhos mortais.

O cacto espinhoso, a florir num deserto, jamais saberia responder por que miraculosos recursos consegue sustentar-se no chão ressequido. Assim também você, na trama escura da negação, não explicará por que razões exibe a flor preciosa da inteligência.

Sua cabeça abriga raciocínios e hipóteses, com recheio de sarcasmo evidente, para concluir que a civilização é um castelo de cartas a precipitar-se, indefinidamente, no despenhadeiro da sepultura.

Seus olhos, porém, permanecem fixos no "prato de lentilhas". Seu problema é de puro imediatismo. Nada mais. Falta-lhe alicerce para as reflexões.

A sua incapacidade de verificação, no campo fenomênico a que se ajusta, começa no enigma do nascimento. A história de seu corpo transcende as anotações da ficha genealógica. Você não sabe, por agora, como ingressou no santuário das formas terrestres e, se um biologista lhe fala dos cromossomos, elucidando questões de embriologia, naturalmente acreditará ouvir mentiroso romance com presunção científica. Se você não viu a formação dos elementos microscópicos, como admitirá elucidações dos compêndios que cogitam do assunto?

À noite de cada dia, no retorno ao lar, seus ouvidos solicitam do aparelho radiofônico o noticiário das capitais estrangeiras e recebem informações positivas de Roma e Washington. No entanto, você não enxerga os fios através dos quais chegam as mensagens que reclama.

Seus órgãos absorvem do ar a maior parte da alimentação de que se mantêm. Todavia, você nada percebe.

A enfermidade que lhe corrói as vísceras e que o obriga a empenhar-se nas casas bancárias procede, na maioria das vezes, do ataque das feras microscópicas que se multiplicam ao influxo mórbido de sua mente. Entretanto, não lhe é possível identificar o inimigo de sua tranquilidade pessoal e doméstica, em cuja existência é constrangido a acreditar.

Seus olhos, aliás, não chegam nem mesmo a contemplar os movimentos peristálticos dos intestinos, em operações comuns da realidade humana, sem os quais toda a sua missão terrena estaria ameaçada.

Luz acima

Por fim, meu caro, você, que nos deseja palpáveis às mãos, será visível, em suas intenções e pensamentos, àqueles que o cercam? Afianço-lhe que seus parentes e amigos não lhe conhecem dez por cem da legítima personalidade.

Em se tratando de nós, porém, sua exigência é implacável.

A argumentação que apresenta não lhe justifica a negação.

Procure outros recursos para consultar a verdade.

Em meu curso primário, conheci um menino irrequieto, colega leviano e inconstante, que consumia inutilmente longas horas da professora, levantando dúvidas quanto à existência da Terra do Fogo, porque nunca lhe vira os contornos e não aceitava os apontamentos da Geografia. Não podemos, no entanto, considerar a sua inteligência no rudimentarismo da infância. Você lê algumas línguas diversas entre si e compreende-as com elevado índice de cultura intelectual, cita Haeckel, Schopenhauer e Le Bon. Ora, sabemos todos que a razão, em pesquisa, não se acomoda à redoma do berço.

Procure, pois, o seu clima real.

Estude e medite.

Não se recolha exclusivamente às pupilas que o sepulcro apagará mais tarde. Auxilie a própria reflexão. O ato de ver é mais extenso: não se circunscreve ao corpo efêmero. É função do espírito imperecível. E examine o problema da morte com mais amplitude. Prepare a bagagem, porque fará igualmente a travessia que já fiz.

Se você é sincero, não perca a oportunidade de melhorar os conhecimentos acerca da vida nova que o espera. Não se esqueça, meu amigo, de que, apesar do esforço de todos os Voronoffs do mundo e não obstante a milagrosa penicilina do nosso estimado professor Fleming, o livro de ponto dos cemitérios continua assinado regularmente...

~ 44 ~
Do aprendizado de Judas

Não obstante amoroso, Judas era, muita vez, estouvado e inquieto. Apaixonara-se pelos ideais do Messias, e, embora esposasse os novos princípios, em muitas ocasiões surpreendia-se em choque contra ele. Sentia-se dono da Boa Nova e, pelo desvairado apego a Jesus, quase sempre lhe tomava a dianteira nas deliberações importantes. Foi assim que organizou a primeira bolsa de fundos da comunhão apostólica e, obediente aos mesmos impulsos, julgou servir à grande causa que abraçara, aceitando a perigosa cilada que redundou na prisão do Mestre.

Apesar dos estudos renovadores a que sinceramente se entregara, preso aos conflitos íntimos que lhe caracterizavam o modo de ser, ignorava o processo de conquistar simpatias.

Trazia constantemente nos lábios uma referência amarga, um conceito infeliz.

Quando Levi se reportava a alguns funcionários de Herodes, simpáticos ao Evangelho, dizia, mordaz:

— São víboras disfarçadas. Sugam o erário, bajulam sacerdotes e deixam-se pisar pelo romano dominador... A meu parecer, não passam de espiões...

O companheiro ouvia tais afirmativas, com natural desencanto, e os novos colaboradores dele se distanciavam menos entusiasmados.

Generosa amiga de Joana de Cusa ofereceu, certo dia, os recursos precisos para a caminhada do grupo, de Cafarnaum a Jerusalém. Porém, recebendo a importância, o Apóstolo irrefletido alegou, ingratamente:

— Guardo a oferta; contudo, não me deixo escarnecer. A doadora pretende comprar o Reino dos Céus, depois de haver gozado todos os prazeres do reino da Terra. Saibam todos que este é um dinheiro impuro, nascido da iniquidade.

Estas palavras, pronunciadas diante da benfeitora, trouxeram-lhe indefinível amargura.

Em Cesareia, heroica mulher de um paralítico, sentindo-se banhada pelos clarões do Evangelho, abriu as portas do reduto doméstico aos desamparados da sorte. Órfãos e doentes buscaram-lhe o acolhimento fraternal. O discípulo atrabiliário, no entanto, não se esquivou à maledicência:

— E o passado dela? — clamou cruelmente. O marido enfermou desgostoso pelos quadros tristes que foi constrangido a presenciar. Francamente, não lhe aceito a conversão. Certo, desenvolve piedade fictícia para aliciar grandes lucros.

A senhora, duramente atingida pelas descaridosas insinuações, paralisou a benemerência iniciante, com enorme prejuízo para os filhos do infortúnio.

Quando o próprio Messias abençoou Zaqueu e os serviços dele, exclamou Judas, indignado, às ocultas:

— Este publicano pagará mais tarde. Escorcha os semelhantes, rodeia-se de escravos, exerce avareza sórdida e ainda pretende o Reino divino!... Não irá longe... Enganará o Mestre, não a mim...

Alimentando tais disposições, sofria a desconfiança de muitos. De quando em quando, via-se repelido delicadamente.

Jesus, que em silêncio lhe seguia as atitudes, aconselhava prudência, amor e tolerância. Mal não terminava, porém, as observações carinhosas, chegava Simão Pedro, por exemplo, explicando que Jeroboão, fariseu simpatizante da Boa Nova, parecia inclinado a ajudar o Evangelho nascente.

— Jeroboão? — advertia Judas, sarcástico. — Aquilo é uma raposa de unhas afiadas. Mero fingimento! Conheço-o há vinte anos. Não sabe senão explorar o próximo e amontoar dinheiro. Houve tempo em que chegou a esbordoar o próprio pai, porque o infeliz lhe desviou meia pipa de vinho!...

A verdade, porém, é que as circunstâncias, pouco a pouco, obrigaram-no a insular-se. Os próprios companheiros andavam arredios. Ninguém lhe aprovava as acusações impulsivas e as lamentações sem propósito. Apenas o Cristo não perdia a paciência. Gastava longas horas, encorajando-o e esclarecendo-o afetuosamente...

Numa tarde quente e seca, viajavam ambos, nos arredores de Nazaré, cansados de jornada comprida, quando o filho de Queriote indagou, compungido:

— Senhor, por que motivos sofro tão pesadas humilhações? Noto que os próprios companheiros se afastam, cautelosos, de mim... Não consigo fazer relações duradouras. Há como que forçada separação entre meu espírito e os demais... Sou incompreendido e vergastado pelo destino...

E levantando os olhos tristes para o divino Amigo, repetia:
— Por quê?!...

Jesus ia responder, condoído, observando que a voz do discípulo tinha lágrimas que não chegavam a cair, quando se acercaram, subitamente, de poço humilde, onde costumavam aliviar a sede. Judas, que esperava ansioso aquela bênção, inclinou-se, impulsivo e, mergulhando as mãos ávidas no líquido cristalino, tocou inadvertidamente o fundo, trazendo largas placas de lodo à tona.

— Oh! oh! que infelicidade! — gritou, em desespero.

O Mestre bondoso sorriu calmamente e falou:

— Neste poço singelo, Judas, tens a lição que desejas. Quando quiseres água pura, retira-a com cuidado e reconhecimento. Não há necessidade de alvoroçar a lama do fundo ou das margens. Quando tiveres sede de ternura e de amor, faze o mesmo com teus amigos. Recebe-lhes a cooperação afetuosa sem cogitar do mal, a fim de que não percas o bem supremo.

Pesado silêncio caiu entre o benfeitor e o tutelado.

O Apóstolo invigilante modificou a expressão do olhar, mas não respondeu.

~ 45 ~
A escritura do Evangelho

Quando Jesus recomendou a pregação da Boa Nova, em diversos rumos, reuniu-se o pequeno colégio apostólico, em torno dele, na humilde residência de Pedro, onde choveram as perguntas no inquérito afetuoso.

— Mestre — disse Filipe, ponderado —, se os maus nos impedirem os passos, que faremos? Caber-nos-à recurso à autoridade punitiva?

— Nossa missão — replicou Jesus, pensativo — destina-se a converter maldade em bondade, sombra em luz. Ainda que semelhante transformação nos custe sacrifício e tempo, o programa não pode ser outro.

— Mas... — obtemperou Tomé — e se formos atacados por criminosos?

— Mesmo assim — confirmou o Cristo —, nosso ministério é de redenção, perdoando e amando sempre. Persistindo no bem, atingiremos a vitória final.

— Senhor — objetou Tiago, filho de Alfeu —, se interpelados pelos fariseus, amantes da Lei, que diretrizes tomaremos? São eles depositários de sagrados textos, com que justificam habilmente a orgulhosa conduta que adotam. São arguciosos e discutidores. Dizem-se herdeiros dos profetas. Como agir, se o Novo Reino determina a fraternidade, isenta da tirania?

— Ainda aí — explicou o Messias Nazareno —, cabe-nos testemunhar as ideias novas. Consagraremos a Lei de Moisés com o nosso respeito. Contudo, renovar-lhe-emos o sentido sublime, tal qual a semente que se desdobra em frutos abençoados. A justiça constituirá a raiz de nosso trabalho terrestre. Todavia, só o espírito de sacrifício garantir-nos-á a colheita.

Verificando-se ligeira pausa, Tadeu, que se impressionara vivamente com a resposta, acrescentou:

— E se os casuístas nos confundirem?

— Rogaremos a inspiração divina para a nossa expressão humana.

— Mas que sucederá se o nosso entendimento permanecer obscuro, a ponto de não conseguirmos registrar o socorro do Alto? — insistiu o Apóstolo.

Esclareceu Jesus, sorridente:

— Será então necessário purificar o vaso do coração, esperando a claridade de cima.

Nesse ponto, André interferiu, perguntando:

— Mestre, em nossa pregação, chamaremos indistintamente as criaturas?

— Ajudaremos a todos, sem exigências — respondeu o Salvador, com significativa inflexão na voz.

— Senhor — interrogou Simão, precavido —, temos boa vontade, mas somos também fracos pecadores. E se cairmos na estrada? E se, muitas vezes, ouvirmos as sugestões do mal, despertando, depois, nas teias do remorso?

— Pedro — retrucou o divino Amigo —, levantar e prosseguir é o remédio.

— No entanto — teimou o pescador —, e se a nossa queda for tão desastrosa que impossibilite o reerguimento imediato?

— Rearticularemos os braços desconjuntados, remendaremos o coração em frangalhos e louvaremos o Pai pelas proveitosas lições que houvermos recolhido, seguindo adiante...

— E se os demônios nos atacarem? — interrogou João, de olhos límpidos.

— Atraí-los-emos à glória do trabalho pacífico.

— Se nos odiarem e perseguirem? — comentou Tiago, filho de Zebedeu.

— Serão amparados por nós, no asilo do amor e da oração.

— E se esses inimigos poderosos e inteligentes nos destruírem? — inquiriu o filho de Queriote.

— O Espírito é imortal — elucidou Jesus, calmamente — e a justiça enraíza-se em toda parte.

Foi então que Levi, homem prático e habituado à estatística, observou prudente:

— Senhor, o fariseu lê a *Torá*, baseando-se nas suas instruções; o saduceu possui rolos preciosos a que recorre na propaganda dos princípios que abraça; o gentio, sustentando as suas escolas, conta com milhares de pergaminhos, arquivando pensamentos e convicções dos filósofos gregos e persas, egípcios e romanos... E nós? A que documentos recorreremos? Que material mobilizaremos para ensinar em nome do Pai sábio e misericordioso?!...

O Mestre meditou longamente e falou:

— Usaremos a palavra, quando for necessário, sabendo porém que o verbo degradado estabelece o domínio das perturbações e das trevas. Valer-nos-emos dos caracteres escritos na extensão do Reino do Céu. No entanto, não ignoraremos que as praças do mundo exibem numerosos escribas de túnicas compridas, cujo pensamento escuro fortalece o império da incompreensão e da sombra. Utilizaremos, pois, todos os recursos humanos, no apostolado, entendendo, contudo, que o material precioso

de exposição da Boa Nova reside em nós mesmos. O próximo consultará a mensagem do Pai em nossa própria vida, por meio de nossos atos e palavras, resoluções e atitudes...
Pousando a destra no peito, acentuou:
— A escritura divina do Evangelho é o próprio coração do discípulo.

Os doze companheiros entreolharam-se, admirados, e o silêncio caiu entre eles, enquanto as águas cristalinas, não longe, refletiam o céu imensamente azul, cortado de brisas vespertinas que anunciavam as primeiras visões da noite...

~ 46 ~
# A revolução cristã

Ouvindo variadas referências ao novo reino, Tomé impressionara-se, acreditando o povo judeu nas vésperas de formidável renovação política. Indubitavelmente, Jesus seria o orientador supremo do movimento a esboçar-se pacífico para terminar, com certeza, em choques sanguinolentos. Não se reportava o Mestre, constantemente, à vontade do Todo-Poderoso? Era inegável o advento da era nova. Legiões de anjos desceriam provavelmente dos céus e pelejariam pela independência do povo escolhido.

Justificando-lhe a expectativa, toda gente se agrupava em redor do Messias, registrando-lhe as promessas.

Estariam no limiar da Terra diferente, sem dominadores e sem escravos.

Submetendo, certa noite, ao Cristo as impressões de que se via possuído, dele ouviu a confirmação esperada:

— Sem dúvida — explicou o Nazareno —, o Evangelho é portador de gigantesca transformação do mundo. Destina-se à redenção das massas anônimas e sofredoras. Reformará o caminho dos povos.

— Um movimento revolucionário! — acentuou Tomé, procurando imprimir mais largo sentido político à definição.

— Sim — acrescentou o Profeta divino —, não deixa de ser...

Entusiasmado, o discípulo recordou a belicosidade da raça, desde os padecimentos no deserto, a capacidade de resistência que assinalava a marcha dos israelitas, a começar de Moisés, e indagou sem rebuços:

— Senhor, confiar-me-ás, porventura, o plano central do empreendimento?

Dirigiu-lhe Jesus significativo olhar e observou:

— Amanhã, muito cedo, iremos ambos ao monte, marginando as águas. Teremos talvez mais tempo para explicações necessárias.

Intrigado, o Apóstolo aguardou o dia seguinte e, buscando ansioso a companhia do Senhor, muito antes do Sol nascente, em casa de Simão Pedro, com surpresa encontrou-o à espera dele, a fim de jornadearem sem detença.

Não deram muitos passos e encontraram pobre pescador embriagado a estirar-se na via pública. O Messias parou e acercou-se do mísero, socorrendo-o.

— Que é isto? — clamou Tomé, enfadado. — Este velho diabo é Jonas, borracho renitente. Para que ajudá-lo? Amanhã, estará deitado aqui às mesmas horas e nas mesmas condições.

O Companheiro celeste, todavia, não lhe aceitou o conselho e redarguiu:

— Não te sinto acertado nas alegações. Ignoras o princípio da experiência de Jonas. Não sabes por que fraqueza se rendeu ele ao vício. É enfermo do espírito, em estado grave; seus sofrimentos se agravam à medida que mergulha no lamaçal. Realmente, vive reincidindo na falta. Entretanto, não consideras razoável que o serviço de socorro exige também o ato de começar?

O aprendiz não respondeu, limitando-se a cooperar na condução do bêbedo para lugar seguro, onde caridoso amigo se dispôs a fornecer-lhe lume e pão.

Retomavam a caminhada, quando pobre mulher, a toda pressa, veio implorar ao Messias lhe visitasse a filhinha, em febre alta.

Acompanhado pelo discípulo, o Salvador orou ao lado da pequenina confiante, abençoou-a e restituiu-lhe a tranquilidade ao corpo.

Iam saindo de Cafarnaum, mas foram abordados por três senhoras de aspecto humilde que desejavam instruções da Boa Nova para os filhinhos. O Cristo não se fez rogado. Prestou esclarecimentos simples e concisos.

Ainda não havia concluído aquele curso rápido de Evangelho, e Jafé, o cortador de madeira, veio resfolegante suplicar-lhe a presença no lar, porque um filho estava morto e a mulher enlouquecera.

O Emissário de Deus seguiu-o sem pestanejar, à frente de Tomé, silencioso. Reconfortou a mãezinha desvairada, devolvendo-a ao equilíbrio e ensinou à casa perturbada que a morte, no fundo, era a vitória da vida.

O serviço da manhã absorvera-lhes o tempo e, assim que se puseram a caminho, em definitivo, eis que uma anciã semiparalítica pede o amparo do Amigo celestial. Trazia a perna horrivelmente ulcerada e dispunha apenas de uma das mãos.

O Messias acolhe-a, bondoso. Solicita o concurso do Apóstolo e condu-la a sítio vizinho, onde lhe lava as feridas e deixa-a convenientemente asilada.

Prosseguindo viagem para o monte, Mestre e discípulo foram constrangidos a atender mais de cinquenta casos difíceis, lenindo o sofrimento, semeando o bom ânimo, suprimindo a ignorância e espalhando lições de esperança e iluminação. Sempre rodeados de cegos e loucos, leprosos e aleijados, doentes e aflitos, mal tiveram tempo de fazer ligeiro repasto de pão e legumes.

Quando atingiram o objetivo, anoitecera de todo. Estrelas brilhavam distantes. Achavam-se exaustos.

Tomé, que mostrava os pés sangrentos, enxugou o suor copioso e rendeu graças a Deus pela possibilidade de algum descanso. A fadiga, porém, não lhe subtraíra a curiosidade. Erguendo para o Cristo olhar indagador, inquiriu:

— Senhor, dar-me-ás agora a chave da conspiração libertadora?

O divino Interpelado esclareceu, sem vacilações:

— Tomé, os homens deviam entediar-se de revoltas e guerras que começam de fora, espalhando ruína e ódio, crueldade e desespero. Nossa iniciativa redentora verifica-se de dentro para fora. Já nos achamos em plena revolução evangélica e o dia de hoje, com os abençoados deveres que nos trouxe, representa segura resposta à indagação que formulaste. Enquanto houver preponderância do mal, a traduzir-se em aflições e trevas, no caminho dos homens, combateremos em favor do triunfo supremo do bem.

E, ante o discípulo desapontado, concluiu:

— A ordem para nós não é de matar para renovar, mas sim de servir para melhorar e elevar sempre.

Tomé passou a refletir maduramente e nada mais perguntou.

~ 47 ~
Recordando o filósofo

Conta-se que Epicteto, o escravo filósofo, visitado por Lisandro, liberto de Epafrodito, que lhe apresentava despedidas em razão de mudança precipitada para Roma, entrou em fundo silêncio, diante do amigo íntimo.

— Pois não te regozijas? — exclamou o amigo, exonerado do cativeiro. — Não sentirás comigo o júbilo da transferência feliz?

O interpelado fixou-o, de frente, e indagou:

— Que pretendes?

— Uma viagem maravilhosa, o ambiente diverso, a modificação da vida, o esplendor da cidade imperial, a honra de ouvir os tribunos célebres, a contemplação dos espetáculos faustosos e, quem sabe, talvez o destaque entre os patrícios dominadores.

O filósofo escutava o companheiro sem o mais leve movimento.

Terminada a breve exposição, objetou imperturbável:

— Empreendes longa e perigosa jornada, em busca de importância pessoal que te satisfaça a ambição. No entanto, que viagem já fizeste para modificar opiniões e melhorar sentimentos?

O amigo surpreendido não conseguiu responder.

— Procuras ambiente diverso — prosseguiu o sábio sem alterar-se —; todavia, em que idade tentaste a própria renovação? Odeias sempre que te ferem, reages quando te insultam, justificas-te apressadamente quando te acusam de alguma falta... Que novidades poderás encontrar no caminho da vida? Desejas o esplendor da cidade dos césares, mas não acendeste ainda a mais humilde candeia dentro de ti. Queres o júbilo de escutar os oradores famosos; porém, jamais consultaste alguém sobre os recursos que te façam melhor. Buscas espetáculos extravagantes para os olhos de carne, esquecido de que há prisioneiros contemplando festas loucas das grades do cárcere. Sonhas figurar entre os que dominam, mas não tens ainda o comando da própria existência.

O amigo corou ante as palavras serenas, mas exclamou irritadiço:

— No entanto, eu agora sou livre...

Epicteto sorriu e terminou:

— Tens a liberdade, mas não fugirás de ti mesmo...

O episódio recorda-nos a própria vida.

Da juventude, cheia de sonhos, à velhice coroada de desilusões, convida-nos a verdade ao campo consciencial para os serviços de iluminação íntima. À maneira do amigo de Epicteto, contudo, repousamos à sombra das árvores floridas de mentiras deliciosas, na floresta inextricável das emoções humanas. Procuramos melodias que nos embalem os ouvidos e decorações de luxo que nos magnetizem o olhar, colhemos botões de flores e inutilizamos frutos verdes, ciosos de nossa independência, permanecendo sempre os mesmos joguetes da reação inferior, quando a luta nos visita de leve.

Desejamos e realizamos no plano exterior, penetrando, em seguida, os caminhos do tédio mortal.

Esgotamos a taça de vinho embriagador para encontrarmos, no fundo, o vinagre do desalento.

Luz acima

Terminadas as decepções da natureza física, conservamos o derradeiro e mais terrível engano. Esperamos na morte a revelação de um paraíso maravilhoso de ambrosias e cânticos angélicos. Sonhamos atravessar sublimes pórticos de misteriosos palácios, repletos de tesouros augustos e láureas imortais.

É a viagem difícil do liberto a uma Roma diferente, aureolada de púrpuras e riquezas.

Entretanto, à frente do castelo celestial, resplendente de luzes, estacamos, defrontados por nós mesmos, em amargosas sombras do coração. Intentamos avançar, ébrios de esperança, gritando nosso júbilo diante da "terra nova". Todavia, pesadas algemas agrilhoam-nos o espírito ao que somos, fazendo-nos reconhecer que a semeadura da indiferença produz abundante colheita de remorsos e lágrimas.

Reclamamos, choramos, suplicamos...

A consciência retilínea, porém, responde calma:

— Que realizaste senão repetir, até hoje, o que fazias há séculos? Odeias, quando te perseguem; reages, quando te apedrejam; defendes-te, apressado, quando te acusam... Não compreendeste, não ajudaste, não amaste.

Ansiosos pela fuga, contemplamos o plano infinito que se desdobra, convidando-nos à maravilhosa aventura, no limiar da Eternidade, e, tentando último esforço, para nos desvencilharmos das próprias obras, exclamamos, também:

— No entanto, eu agora sou livre...

E a consciência, divina e irrepreensível, replica-nos com a serenidade imperturbável do sábio cativo:

— Tens a liberdade, mas não fugirás de ti mesmo.

~ 48 ~
A atitude do guia

Sob nosso olhar atento, o guia do grupo começou a desempenhar suas funções de orientador, explicando:
— Enriqueçamos nossa vida de bênção. A morte, meus irmãos, é simples modificação de roteiros exteriores; preparai-vos, no entanto, a fim de atravessar-lhe os umbrais, com a precisa luz. A encarnação terrestre representa curso de esclarecimento e ascensão. Alegria e dor, contentamento e insatisfação, fartura e escassez constituem oportunidades de engrandecimento para a alma. Nosso problema fundamental, portanto, não é tão somente crer ou descrer. É imperioso aplicar os princípios da fé às situações difíceis da experiência humana, como quem espanca as sombras. De que nos serviria a confiança na Providência divina sem aproveitarmos os dons da Previdência celeste que nos situou o espírito em aprendizado laborioso, tendo em vista nossa própria felicidade? Tudo, pois, que fizerdes nos setores do bem, enquanto na transitória passagem pela Terra, é essencial para a eternidade. Se o supremo Pai apenas aguardasse de nós outros o incenso da adoração, que

expressaria a grandiosa oficina do mundo? Brilhariam o Sol e a Lua, resplandeceriam as estrelas, correriam as fontes, frutificariam as árvores, trabalharia o vento simplesmente para satisfazer um punhado de crentes ociosos? Contentar-se-ia Deus, o Criador infatigável, em erguer para os filhos da Terra apenas um templo suntuoso onde repousassem indefinidamente, sem qualquer finalidade progressiva? É indispensável, desse modo, renovarmos o entendimento, elevando-nos em espírito para a imortalidade vitoriosa. Junto de vós outros, alinham-se ferramentas preciosas na edificação sublime. Chamam-se "obstáculos", "provas" e "lutas". Utilizando-as para o bem, sereis, em breve, senhores de oportunidades mais altas, nos círculos de iluminação. Fadados ao glorioso destino de cooperadores do eterno, urge compreenderdes a importância de viver na crosta da Terra, como é importante para o aprendiz a justa apreciação da escola que o prepara e o edifica. O sofrimento, por isso mesmo, aí no mundo é apelo à ascensão. Sem ele, seria difícil acordar a consciência para a realidade superior. Aguilhão benéfico, o sofrimento evita-nos a precipitação nos despenhadeiros do mal, auxilia-nos a prosseguir, entre as margens do caminho, mantendo-nos a correção necessária ao êxito do plano redentor. Busquemos, assim, aproveitar-lhe as bênçãos renovadoras, praticando a fraternidade em todos os ângulos da bendita peregrinação para a frente. Não nos interessa o passado escuro. Recebamos a claridade compassiva do presente, construindo qualidades santificantes no santuário interior, convertendo-nos em tabernáculos vivos da vontade augusta e misericordiosa do Eterno. Para isso, meus amigos, auxiliemo-nos uns aos outros, procuremos a verdade e o bem, atendendo às exigências do amor cristão. Sem essa atitude pessoal de transformação para o entendimento e aplicação do Cristo, é impossível aguardar mundos melhores, paisagens felizes ou venturas sem-fim...

    Nesse momento, o orientador interrompeu-se.
    Finalizara a preleção? Não sabíamos ao certo.

Parecia disposto a retomar o fio das formosas definições, quando se adiantou um cavalheiro da pequena assembleia de companheiros encarnados.

Julguei-o inclinado a exprimir amor, júbilo, gratidão. Teria entendido a palavra do guia que, afinal de contas, em boa sinonímia, era, ali, o condutor, o que dirige, o que mostra à frente. Longe disso. O irmão mencionado assumiu atitude de consulente inquieto e interrogou, demonstrando absoluta despreocupação de quanto ouvira:

— Meu mestre, que me diz dos bens que me surripiaram? O furto de que fui vítima representa muitíssimo para mim. Não devo esquecer o futuro... Os advogados de meus parentes parecem ganhar a causa... Devo esperar algum socorro?

Espantado, reparei que o benfeitor espiritual não reagiu. Assumiu paternal expressão no semblante calmo e, no mesmo diapasão de voz, comentou:

— No assunto, meu amigo, creio mais oportuna sua invocação à polícia. Procure a seção de perdas e danos...

Logo após, rogou a bênção de Jesus para todos e, retirando-se da organização mediúnica, tornou ao nosso meio.

Sob forte assombro, referi-me à incompreensão do grupo que visitávamos.

O generoso orientador, porém, distante de qualquer desapontamento, observou:

— Não nos aflijamos. Conheço este irmão, desde muito. Há dois mil e oitocentos anos, aproximadamente, era ele membro de uma associação de ensinos secretos, nas vizinhanças do Templo de Zeus, em Olímpia, enquanto eu, por minha vez, exercia as funções de humilde instrutor espiritual. Na primeira vez em que me materializei, no círculo de estudos em que ele se encontrava, explanando a simbologia dos mistérios órficos, de maneira a adaptá-los à Luz divina, levantou-se na assembleia e pediu-me socorro para encontrar algumas joias perdidas.

— Oh! Oh! — aduzi, sarcástico. — Há quase três milênios? E este homem ainda é o mesmo caçador de arranjos materiais?

O guia tocou-me os ombros, paternalmente, e acrescentou compassivo:

— Nada de mais, meu caro. Continuemos trabalhando, em benefício de todos. Vinte e oito séculos são a conta de meu pobre concurso. Trata-se de equação que nós mesmos podemos fazer... Há quantos milênios, porém, Jesus nos auxilia e tudo faz em nosso favor, malgrado a nossa impermeabilidade e resistência?!...

Afagou-me a cabeça e concluiu, interrogando:

— Não acha?

Fiz por minha vez um sorriso amarelo e calei-me.

~ 49 ~
Homens-prodígio

Conta-se que André, o discípulo prestimoso, tão logo observou o Senhor à procura de cooperadores para o ministério da salvação, compareceu, certo dia, à residência de Pedro, com três companheiros que se candidatavam à divina companhia.

Recebeu-os Jesus, com serenidade e brandura, enquanto o Apóstolo apresentava os novatos com entusiasmo ingênuo.

— Este, Mestre — disse, tocando o braço do mais velho —, é Jacob, filho de Eliakim, o condutor de cabras, que tem maravilhosas visões do oculto. Já viu os próprios demônios flagelando homens imundos e, quando visitou Jerusalém, na última peregrinação ao templo, viu flamas de fogo celeste sobre os pães da proposição. Enxergou também os Espíritos de gloriosos antepassados entre os sacerdotes, surpreendendo sublimes revelações do invisível.

Ante a expectação do divino Amigo, o aprendiz acentuou:

— Parece-me excelente companheiro para os nossos trabalhos.

Jesus, contudo, pousando no candidato os olhos firmes, fez interrogativo gesto para Jacob, que, docemente constrangido pela silenciosa atitude dele, informou:

— Sim... é verdade... Sou vidente do que está em secreto e pretendo receber lições da nova escola. No entanto, receio a opinião pública. Trabalho em casa de Prisco Bitínio, o chefe romano, e recebo salário compensador. Se souberem por lá que frequento estas fileiras, provavelmente me expulsarão... Perderei meus proventos e minha família talvez sofra fome...

Fez-se grande quietude em torno. Jesus manteve-se quase impassível. Seus lábios mostravam ligeiro sorriso que não chegava a evidenciar-se de todo.

André, todavia, interessado em colocar os amigos no quadro apostólico, indicou o segundo, judeu de meia-idade, que revelava no olhar arguciosa inteligência:

— Este, Senhor, é Menahem, filho de Adod, o ourives. Possui ouvidos diferentes dos nossos e costuma ser contemplado por sonhos milagrosos. Escuta vozes do Céu, anunciando o futuro com exatidão, e no sono recebe avisos espantosos. Já descobriu, por esse meio, as joias de Pompônia Fabrina, quando romanos ilustres visitaram Cesareia. Incontáveis são os casos em que funcionou na qualidade de adivinho vitorioso. Passando por Jerusalém, foi procurado por sacerdotes ilustres que, com êxito, lhe puseram à prova as estranhas faculdades. Leu papiros que se achavam a distância e transmitiu recados autênticos de grandes mortos da raça.

Após ligeiro intervalo, acentuou:

— Não seria ele valioso colaborador para nós?

O Cristo fixou o olhar lúcido no apresentado e Menahem se explicou:

— Sim, realmente ouço vozes do Céu e resolvo em sonho diversos problemas, acerca dos quais sou consultado. Desejaria participar da nova fé, mas estou preso a muitos compromissos. Não poderia vir assiduamente... Meu sogro Efraim, o mercador de perfumes, é riquíssimo e está prestes a descansar com os nossos que já desceram ao repouso. Sou o herdeiro de sua grande fortuna e sei que se escandalizará com a minha adesão à crença renovadora... assim considerando, preciso ser cauteloso... Não posso perder o enorme legado...

Identificando a estranheza que provocava, apressou-se a reforçar:

— Ainda que eu me pudesse desprender de bens tão preciosos, precisaria atender à mulher e aos filhos...

Novo silêncio pesou na paisagem doméstica.

À frente do Messias, que não se manifestava em sentido direto, o pescador diligente apresentou o terceiro amigo:

— Aqui, Mestre, temos Moab, filho de Josué, o cultivador. É um prodígio nas escrituras. Todos os escribas o olham invejosos e despeitados, porquanto é conhecido pelo dom de escrever com incrível desenvoltura, a respeito de todos os assuntos que interessam o povo escolhido. Homens importantes de Israel formulam para ele vários enigmas, referentes à lei e aos profetas, e ele os resolve com triunfo absoluto... Por vezes, chega a escrever em línguas estrangeiras e há quem diga que, sobre ele, paira o espírito do próprio Jeová...

Calou-se o Apóstolo e, no ambiente pesado que se abateu na sala, o escriba milagroso esclareceu:

— Efetivamente, escrevo em misteriosas circunstâncias. Uma luz semelhante a fogo desce do firmamento sobre as minhas mãos e encho rolos enormes com instruções e descrições que nem eu mesmo sei entender... Proponho-me a seguir os princípios do Reino celeste, aqui na Galileia. Não posso, entretanto, comprometer-me muito. Na cidade santa, estou ligado a um grande revolucionário que me prometeu alto encargo político, logo depois de assassinarmos o procurador e eliminar alguns patrícios influentes. Quero aproveitar as minhas faculdades na restauração de nossos direitos... Conquistarei posição, ouro, fama, evidência... Por isso, não posso aceitar deveres muito extensos...

A quietude voltou mais envolvente.

André, todavia, ansioso por situar os novos elementos no colégio galileu, perguntou ao Cristo:

— Mestre, não estás procurando associados para o serviço redentor? Admitirás os nossos amigos?

Jesus, porém, com serenidade complacente, esclareceu:

— Não, André! Sigam nossos irmãos em paz. Por enquanto, o roteiro deles é diferente do nosso. O primeiro estacionou na situação lucrativa, o segundo aguarda uma herança em ouro, prata e pedras e o terceiro permanece caçando a glória efêmera do poder humano!...

— Senhor — ponderou o irmão de Pedro —, mas é preciso lembrar que um deles "vê", outro "ouve" e o último "escreve", milagrosamente...

— Sim — considerou Jesus, terminando a entrevista —, no mundo sempre existiram homens-prodígio, portadores de maravilhosos dons que estragam inadvertidamente, mas, acima deles, estou procurando quem deseje trabalhar na execução da vontade de nosso Pai.

~ 50 ~
Bilhete a Jesus

Senhor Jesus, enquanto a alegria do Natal acende luzes novas nos lares festivos, torno à velha Palestina, revendo, com os olhos da imaginação, a paisagem de tua vinda...

Roma estendia fronteiras no Nilo, no Eufrates, no Reno, no Tâmisa, no Danúbio, no Mar Morto, no Lago de Genesaré, nas areias do Saara. César "sossegava e protegia" os habitantes das zonas mais remotas, aliciando a simpatia dos príncipes regionais. Todos os deuses indígenas cediam a Júpiter, o dono do Olimpo, de que as águias dominadoras se faziam emissárias, tremulando no topo das galeras, cheias de senhoras e de escravos.

Lembras-te, Senhor, de que se fazia grande estatística, por ordem de Augusto, o divino? Otávio, cercado de assessores inteligentes, intensificava a centralização no mundo romano, reorganizando a administração na esfera dos serviços públicos. As circunscrições censitárias na Judeia enchiam-se de funcionários exigentes. Cadastravam-se famílias, propriedades, indústrias. E José e Maria também se locomoveram, com os demais, para atender às determinações. A sensibilidade israelita poderia manter-se à distância do culto de César, resistindo ao incenso com que se marcava a passagem dos triunfadores, em púrpura sanguinolenta, mas a experiência judaica, estruturada em suor e lágrimas, não se esquivaria à obediência, perante os regulamentos políticos. As estalagens, no entanto, estavam repletas e não conseguiram lugar.

Por essa razão, a estrela gloriosa que te assinalou a chegada, não brilhou sobre templos ou residências de relevo. Apenas a manjedoura singela te ofereceu conforto e guarida. Homens e mulheres faziam estatísticas minuciosas de haveres e interesses. Se o governo imperial decretava o recenseamento para reajustar observações e tributos, os governados da província alinhavam medidas, imprimindo modificações aos quadros da vida comum, para se subtraírem, de alguma sorte, às exigências. Permutavam-se cabras e camelos, terras e casas, reduzidos parques agrícolas e pequenas indústrias.

Haveria espaço mental para a meditação nas profecias? Para cumprir o dever religioso, não bastava comparecer ao templo de Jerusalém, nos dias solenes, oferecer os sacrifícios prescritos e prosternar-se ante a oferenda sagrada, ao ressoar das trombetas? Razoável, portanto, seria examinar os melhores recursos para burlar as requisições do romano dominador. A fração do povo eleito, que se aglomerava na cidade de Davi, lia os textos, recitava os salmos e tomava apressado conselho aos livros da sabedoria; entretanto, não considerava pecado matar o tempo em disputas e conversações infindáveis ou enganar o próximo com a elegância possível.

Por essa razão, Senhor, quem gastaria alguns minutos advogando proteção para Maria e José? Eles traziam a sinceridade dos que andam contigo, falavam de visitas dos anjos, de vozes do Céu, e o mundo palestinense estava absorvido no apego fanático aos bens imediatos. Comentava-se, apaixonadamente, as listas e informações, alusivas a rebanhos e fazendas. Às narrações do sonho de José ou da experiência de Zacarias, prefeririam noticiário referente à produção de farinha ou ao rendimento de pomares...

Luz acima

Todavia, para entregar à Humanidade a divina mensagem de que te fizeste o Depositário Fiel, não te feriste ao choque da indiferença. Começaste assim mesmo, na manjedoura humilde, o apostolado de bênçãos eternas. O Evangelho iniciou a primeira página viva da Revelação Nova na estrebaria singela. A Natureza foi o primeiro marco de tua batalha multissecular da luz contra as trevas.

E enquanto prossegues, conquistando, palmo a palmo, o espírito do mundo, os homens continuam fazendo estatísticas inumeráveis.

Aos censos de Otávio, seguiram-se os de Tibério, aos de Tibério sucederam-se arrolamentos de outros dominadores. Depois do poderio romano fragmentado, outras organizações autoritárias não menos tirânicas apareceram. Dilataram-se os serviços censitários em toda parte.

As nações modernas não fazem outra coisa além da extensão do poder, melhorando os gráficos que lhes dizem respeito.

Inventariavam-se na antiga Judeia ovelhas e jumentos, camelos e bois. Hoje, porém, Jesus, o arrolamento é muito mais importante. Com o aperfeiçoamento da guerra, o censo é vital nas decisões administrativas. Antes da carnificina, arregimentam-se estatísticas de canhões, tanques e navios, aviões, metralhadoras e fuzis. Enumeram-se homens por cabeça, no serviço preparatório dos massacres e, em seguida, anotam-se feridos e mutilados. Isso, nas vanguardas de sangue, porque, na retaguarda, o inventário dos grandes e pequenos negócios é talvez mais ativo. Há corridas de armamentos e bancos, valorização e desvalorização de bens móveis e imóveis, câmbio claro e câmbio escuro, concorrência leal e desleal, mercado honesto e clandestino, tudo de acordo com as estatísticas prévias que autorizam providências administrativas que regem o mecanismo da troca.

Nós sabemos que não condenas o ato de contar. Aconselhaste-nos nesse sentido, recomendando que ninguém deve abalançar-se a qualquer construção, antes de contas rigorosas, a fim de que a obra não permaneça inacabada. Entretanto, estamos entediados de tanto recenseamento para a morte, porque, em verdade, nunca esteve a casa dos homens tão rica e tão pobre, tão faiscante de esplendores e tão mergulhada nas trevas, tão venturosa e tão infeliz, quanto agora.

Desejávamos, Mestre, arrolar as edificações da fé, os serviços da esperança, os valores da caridade, contudo, somos ainda muito poucos no setor de interesse pelos sonhos reveladores e pelas vozes do Céu. Apesar disso, sabemos que os homens, fanatizados pela estatística das formas perecíveis, examinam os gráficos, de olhos preocupados, movimentando-se entre tabelas e números, mas erguem corações ao alto, amargurados e tristes, torturados pela sede de infinito...

Quem sabe, Senhor, poderias voltar, consolidando a tua glória, como o fizeste há quase vinte séculos? Entretanto, não nos atrevemos ao convite direto. As estalagens do mundo estão ainda repletas de gente negociando bens transitórios e melhorando o inventário das posses exteriores. Os governos estão empenhados em orçamentos e tributos. Os crentes pousam olhos apressados em teu Evangelho de Redenção e repetem fórmulas verbais, como os judeus de outro tempo, que mastigavam a lei sem digeri-la. Quase certo que não encontrarias lugar entre as criaturas. E não desejamos que regresses de novo para nascer num estábulo, trabalhar à beira das águas, ministrar a revelação em casas e barcos de empréstimo e morrer flagelado na cruz. Trabalharemos para que a tua glória brilhe entre os homens, para que a tua luz se faça nas consciências, porque, em verdade, Senhor, que adiantaria o teu retorno se a estatística das coisas santas não nos oferece a menor garantia de vitória próxima? Como insistir pela tua volta pessoal e direta se na esfera dos homens ainda não existe lugar onde possas nascer, trabalhar e morrer?

Índice geral [1]

Abel, orientador espiritual
   visita de um mensageiro
   de Jesus e – 39

Alma
   ateu e sobrevivência da – 6
   Espíritos desencarnados,
     convalescentes da – 8
   existência física e processo
     educativo da – 16
   impossibilidade da
     sobrevivência da – 43
   livre-arbítrio da * evolvida – 32
   reerguimento e ação
     meritória da – 16

Altar da maternidade
   vida humana e – 11

Amaro
   marido de Arlinda, D. – 29

Amélia, D.
   esposa de Porfírio – 25

André
   irmão de Simão Pedro – 31

Anjo consertador
   crente enfermo e – 12
   intercessão do – 12

Anjo estrangeiro
   critério de um – 28
   Inteligência universal e – 28
   relatório do – 28
   trabalho, paciência, sacrifício e – 28

Anjo servidor
   ateu e – 6
   católico e – 6
   companheiros recém-
     vindos da Terra e – 6
   espiritista e – 6
   reformista e – 6
   salário celestial e – 6

Apontamentos do ancião
   jornalista morto e – 9

---

[1] Remete ao número do capítulo.

Índice geral

Arlinda, D., obsidiada
  Amaro, marido de – 29
  caridade, educação, serviço
    ao próximo e – 29
  clínicos da Espiritualidade e – 29
  Dagoberto, orientador, e – 29
  espírito da boa vontade e – 29
  Fernando, filho de – 29
  grupo espiritista e – 29
  ministério mediúnico e – 29
  necessidades de – 29
  Rodolfo, filho de – 29

Ateu
  deveres de Humanidade e – 6
  regresso à Terra e – 6
  sobrevivência da alma e – 6

Bitínio, Prisco, chefe romano
  Jacob, filho de Eliakim, e – 49

Boa Nova
  Jesus e pregação da – 45
  material precioso de exposição da – 45
  missão da – 45
  persistência no bem e – 45
  purificação do vaso do coração e – 45

Brandão, Euclides
  aprendizado até Moisés e – 42
  aprendizado com Jesus e – 42
  dados autobiográficos e – 42
  desencarnação, ingresso
    no paraíso e – 42
  tratamento na alfândega da
    espiritualidade e – 42

Caridade
  espiritista e prática da – 6

Católico
  banquete divino e – 6
  Corte Celeste e – 6

Celestino
  cooperador de Antônio de Pádua – 26

Cemitério
  assinatura no livro de
    ponto do – 43

Céu
  crentes e súplica de
    proteção do – 18
  Joaquim Sucupira e
    mensageiros do – 2
  Joaquim Sucupira e subida ao – 2
  limite da Terra com o – 4

Chaves, Malvina, D.
  Jesus e inquirição de – 40
  mãe de Ildefonso – 40
  sacrifício em atividades
    socorristas e – 40

Codificação Kardequiana
  espiritistas do primeiro
    século de – 13

Cólera
  perseguidor cruel – 31

Consciência
  socorro ao próximo e * honesta – 21
  voz da * e melhores amigos – 19

Correio informativo
  protesto contra o – 21

Corrigenda
  valorização da – 16

Corte Celeste
  católico e entrada na – 6

Crente enfermo
  campo social e – 12
  exercício de profissão regular e – 12
  reajustamento da vida e – 12
  sofrimento e – 12
  vida em família e – 12

Cristianismo
  escritor desencarnado e serviço ao – 11

Índice geral

Cristo *ver* Jesus

Dagoberto, orientador
  Arlinda, D., obsidiada, e – 29

Deus
  primeiro selvagem e ideia de – 11

Devoto extasiado
  espera da bênção divina e – 18
  fuga às possibilidades de
    crescimento espiritual e – 18
  incêndio na propriedade e – 18
  intervenção cirúrgica
    do filho e – 18
  prosperidade espiritual e – 18
  rogativa ao Altíssimo e – 18
  transformação do – 18

Dor
  iluminação espiritual e – 33
  lavoura de renovação para
    quem sofre e resgata – 41
  luz para o coração, * bem
    compreendida – 19
  sementeira sublime para o
    plantio do bem – 41

Doutrina dos Espíritos
  ver Espiritismo

Druso
  marido de Túlia Prisca – 19
  paixão por Mécia e – 19

Édipo
  Espírito encarnado e – 8

Efraim, mercador de perfumes
  sogro de Menahen – 49

Encarnação terrestre
  curso de esclarecimento
    e ascensão – 48

Entendimento
  concessão da retificação e – 16

Epicteto, o escravo filósofo
  Lisandro, liberto de
    Epafrodito, e – 47

Escritor desencarnado
  aborrecimentos do – 9
  apontamentos do ancião e – 9
  careta de alegria do – 9
  conflitos impostos ao
    profissional digno e – 20
  continuidade do
    aprimoramento e – 20
  definição sintética de médium e – 13
  escrita de códigos de civilidade e – 13
  exemplo do – 11
  experiência corporal na Terra e – 20
  gozos do paraíso e – 20
  infância distanciada e – 23
  informações do plano espiritual e – 20
  morte do corpo e crença do – 20
  ponderações de amigo do – 23
  pontos de vista do – 20
  reajuste da memória e – 23
  recepção com espírito crítico e – 23
  recordação da amizade no
    cenário humano e – 23
  reencontro na Capital da
    República e – 23
  retorno do país da morte e – 23
  serviço ao Cristianismo
    renascente e – 11
  Shakespeare e definição do – 11
  túmulo, arte de reajustamento e – 20

Escritor materialista
  Luz divina e – 11

Esfinge
  filho de Laio e – 8

Espírito desencarnado
  convalescentes da alma e – 8
  força mental e – 21
  movimentação do * em
    plano irreal – 23

Espiritismo
  benefícios proporcionados
    pela bênção do – 39
  hiato nas demonstrações da
    sobrevivência e – 13
  integrantes de grupo espírita
    e importância do – 39
  luz do Cristo e – 8
  médiuns invigilantes e – 8
  missão de Pacheco e – 5
  organizações caridosas,
    personalidades
    mediúnicas e – 8

Espiritista
  aprendizado acerca do
    equilíbrio próprio e – 13
  posse dos bens eternos e – 6
  prática da caridade e – 6

Espírito das trevas
  adiamento dos escuros
    propósitos e – 17
  homem de Gaza e – 17

Espírito desencarnado
  descrições do mundo
    espiritual e – 27
  difusão dos princípios de
    fé e caridade e – 11
  escritores invigilantes e – 11
  imantação à crosta do
    mundo e – 11

Espírito doente
  desequilíbrio da mente e – 25
  enfermidade da alma e – 25
  fruto da própria sementeira e – 25
  Porfírio e novidade do – 25

Espírito encarnado
  Édipo e – 8

Espiritualidade
  Arlinda, D., obsidiada, e
    clínicos da – 29

Evangelho
  crentes do * e repetição de
    fórmulas verbais – 50
  curso rápido de – 46
  educação do Espírito e – 34
  escritura divina do – 45
  Filipe e transcendência do – 34
  homens inscientes da
    verdade e – 34
  transformação do mundo e – 46

Evolução
  obstáculos à * espiritual – 34

Existência física
  processo educativo da alma e – 16

Fé
  aplicação dos princípios da – 48
  asilo para Espíritos inválidos e – 11
  claridade que ilumina o
    espírito humano e – 11
  templo de Jerusalém e casa
    bendita da – 15

Felicidade
  esquecimento das culpas e – 19

Fernando
  filho de Arlinda, D. – 29

Ferramentas preciosas
  obstáculos, provas e lutas – 48

Filipe
  Jesus e *, pescador fiel – 34
  transcendência do Evangelho e – 34

Flácus
  esposo de Mécia – 19

Fluidos
  condensação de * na crosta
    da Terra – 22

Fontaine, La
  fábula da borboleta e – 20

Índice geral

Gênio do Bem
　Reino de Deus e – 38
Gólgota
　murmúrios ao retorno do – 9
Gonçalves, Sidônio
　conversações evangélicas e – 10
　convocação dos amigos
　　espirituais e – 10
　desenvolvimento mediúnico e – 10
　esquivas ao serviço e – 10
　mensageiro celeste e *
　　desencarnado – 10
　serviço de beneficência cristã e – 10
　serviço num asilo de velhos e – 10
　visita ao enfermos e – 10
Grácus, Rufo
　soldado romano e – 31
Grupo espírita
　Espiritismo na vida dos
　　integrantes do – 39
Guerra maior
　origem da – 31
História do discípulo
　ajuda ao forte e – 3
　amparo ao fraco e – 3
　análise das dificuldades alheias e – 3
　apóstolo do ideal e – 3
　conhecimento superior e – 3
　defensor da verdade e – 3
　ensino do bem e – 3
　humildade não fingida e – 3
　interpretação das dores e
　　problemas e – 3
　irmão da dor que santifica e – 3
　ministro da palavra celestial e – 3
　monstros da alma e – 3
　necessidade do perdão e – 3
　oração pelos adversários e – 3
　peregrino da experiência e – 3
　propósitos combativos e – 3

Homem
　acesso à Espiritualidade
　　superior e – 30
　chegada da Morte e – 30
　estatísticas das formas
　　perecíveis e – 50
　Gênio da Dor e – 38
　Gênio da Morte e – 38
　Gênio do Bem e – 38
　Gênio do Mal e – 38
　pais, perigosas ilusões e – 30
　princípios santificantes e
　　alimentação do – 11
　problema de puro imediatismo e – 43
　puberdade, diabo mirim, e – 30
　recenseamento para a morte e – 50
　socorro da Ciência e – 30
　Tempo e condução do – 30
　Tempo recusa auxílio ao – 30
　Verdade, a mestra, e – 30
Homem de Gaza
　aproximação do Espíritos
　　das trevas e – 17
　construção de pomar e – 17
　contemplação dos mistérios
　　divinos e – 17
　cultivo da terra e – 17
　fiação da lã dos rebanhos e – 17
　moagem dos grãos de trigo e – 17
　observação dos mandamentos e – 17
Hospital
　ilusão de * na outra vida – 25
Humanidade
　ateu e deveres de – 6
Ildefonso, hemiplégico
　filho de Malvina Chaves, D., e – 40
　fuga à disciplina benéfica e – 40
　rebeldia, ingratidão e – 40
　recuperação do equilíbrio
　　orgânico e – 40
　retorno à paralisia física e – 40

Indiferença
    semeadura da *, remorsos
        e lágrimas – 47
Inteligência universal
    critério de um anjo
        estrangeiro e – 28
    homem, boi e – 28
Jacob, filho de Eliakim
    visões do oculto e – 49
Jesus
    analogia entre o poço e o amigo e – 44
    atenuantes para faltas alheias e – 35
    cego de Jericó e – 9
    centurião romano e – 9
    chave da conspiração
        libertadora e – 46
    circunscrições censitárias
        na Judeia e – 50
    comércio no Templo de
        Salomão e – 9
    conforto na manjedoura
        singela e – 50
    conjugação de verbos com – 8
    Conselheiro divino – 8
    crença em nova ordem política e – 37
    cura do paralítico e – 9
    Embaixador celeste – 1
    Embaixador da Verdade – 15
    Embaixador do Céu – 34
    Embaixador Excelso – 21
    ensinamentos alegóricos e – 35
    entrada em Jerusalém e – 9
    estímulo às qualidades
        superiores e – 35
    fragilidades dos discípulos e – 1
    Governador Espiritual do planeta – 9
    grande Renovador – 1
    Guia dos Séculos – 8
    homens-prodígio e – 49
    início dos serviços no
        Reino celeste e – 37
    Jacob, filho de Eliakim, e – 49
    Joana de Cusa e – 9
    Lázaro e – 9
    limpeza das feridas e – 9
    Maria de Magdala e – 9
    martírio supremo – 9
    Menahen, filho de Adod,
        ourives, e – 49
    Moab, filho de Josué, o
        cultivador, e – 49
    mulher samaritana e – 9
    multiplicação dos pães e
        dos peixes e – 9
    narrativa do caso do ladrão
        confesso e – 35
    pecadores, criminosos e – 1
    pregação da Boa Nova e – 45
    primeiras pregações e – 9
    promessa de primeiros lugares e – 1
    publicanos pecadores e – 9
    respeito à Lei de Moisés e – 1
    retorno à velha Palestina e – 50
    retorno de * e estatísticas
        das coisa santas – 50
    reunião com pescadores
        da Galileia e – 9
    sacrifício pessoal e – 1
    Salvador glorioso da
        Humanidade – 8
    Satanás e aparências de – 7
    Simão Pedro e inspiração de – 36
    surgimento do Reino de Deus e – 1
    Tiago, filho de Zebedeu, e – 15
    Túlia Prisca e – 19
    transformação da água em vinho e – 9
    última ceia e – 9
    Zaqueu e – 9
Joana de Cusa
    Jesus e – 9
    Túlia Prisca e – 19
Judas
    acusações a Jeroboão e – 44
    bênção de Zaqueu e – 44

bolsa de fundos da comunhão
  apostólica e – 44
caminhada de Cafarnaum
  a Jerusalém e – 44
conversão de heroica mulher e – 44
ideais do Messias e – 44
prisão do Mestre e – 44

Justiça
  frutos de amor e – 19

Justiça universal
  progresso gradativo na direção da – 22

Laio
  Esfinge e filho de – 8

Lar
  renovação da prosperidade no – 26

Lavanderia
  mundo espiritual e trabalho de – 8

Lei de substituição
  funcionamento da – 16
  ordem espiritual e – 16

Lenda curiosa
  conflitos na floresta e – 24
  exigência de acesso à esfera
    humana e – 24
  leis dos homens e – 24
  reclamações dos macacos e – 24
  relatório de um macaco velho e – 24
  símbolo da – 24
  sonhos dos macacos para
    o futuro e – 24
  trabalho, disciplina e código
    dos homens e – 24
  transferência para a casa do
    bípede humano e – 24

Levi
  funcionários de Herodes,
    Evangelho e – 44
  Jesus na residência de – 37

Liberdade
  fuga de si mesmo e – 47

Lisandro, liberto de Epafrodito
  candeia interior e – 47
  comando da própria
    consciência e – 47
  Epicteto, o filósofo, e – 47
  jornada de ambição e – 47

Livre-arbítrio
  alma evolvida e – 32

Magnetismo curador
  serviços de – 21

Maioridade terrestre
  Satanás e – 7

Maledicência
  algoz terrível – 31

Marcos, o evangelista
  moço rico e herança da
    Vida eterna e – 15

Maria de Magdala
  Jesus e – 9

Mécia
  Druso e paixão por – 19
  esposa de Flácus – 19

Menahen, filho de Adod, ourives
  Efraim, mercador de perfumes,
    sogro de – 49
  sonhos milagrosos e – 49

Mente humana
  condições de vida análogas às
    da crosta terrestre e – 20
  estacionamento da * em processos
    inferiores da inteligência – 20

Mestre *ver* Jesus

Médium
  anulação do * pelos próprios
    amigos – 13

definição sintética de – 13
elogio desregrado e – 13
Espiritismo e * invigilante – 8
exaustão, vampirismo e – 13
exibicionismo e – 13
golpes do abuso e – 13
guarda do talento mediúnico e – 13
incorporação do orientador
   espiritual e – 14
maneira adequada de tratar o – 13
vocação da renúncia e – 13

Medo
adversário terrível – 31

Mística religiosa
princípios filosóficos e
   científicos da Terra e – 11

Moab, filho de Josué, o cultivador
prodígios nas escrituras e – 49

Moisés
Jesus e renovação do sentido
   da Lei de – 45
Jesus e respeito à Lei de – 1

Morte
modificação de roteiros
   exteriores e – 48
preparo da bagagem e – 43
reminiscências depois da – 23
revelação de paraíso
   maravilhoso e – 47
sanidade espiritual depois da – 25

Mulher pecadora
amparo do Evangelho e – 36
auxílio no reerguimento da – 36
cura dos sãos e – 36
inspiração de Jesus e – 36
Simão Pedro e – 36

Mundo espiritual
candidatos à elevação e – 8
chegada no – 21

concurso fraterno e – 8
Fontaine, La, fábula da
   borboleta, e – 20
juízes de toga e – 8
magos infalíveis e – 8
requisição de palpites do – 8
trabalho de lavanderia e – 8

Ônus definitivo
perda do dia de serviço útil e – 16

Oração
ponto de apoio para benefícios
   espirituais – 21
remédio salutar no início
   da cura – 25

Oráculo grego
fantasia pagã e – 8

Orientação cristã
demissão do trabalho e – 14
desaparecimento da parentela e – 14
escárnio aos parentes e – 14
fuga da esposa e – 14
retificação da própria senda e – 14
saúde arruinada e – 14
tirania doméstica e – 14

Orientador espiritual
consulente e conselhos do – 14

Pacheco, espírita
afastamento do grupo e – 5
auxílio aos semelhantes e – 5
Doutrina dos Espíritos e – 5
Espíritos protetores e – 5
imortalidade da alma e – 5
justificativas de – 5
missão de – 5
missões salvadoras da Terra e – 5
possibilidades mediúnicas e – 5
reunião espiritual e – 5

Pádua, Antônio de, Santo
auxílio a família infeliz e – 26

Celestino, cooperador de – 26
  orações modificadas e – 26
  pedido de trabalho e – 26
  proteção de – 26
  recebimento de preces e – 26

Paz
  preservação da – 16

Pedro, Simão
  André, irmão de – 31
  domicílio dos maiores
    inimigos e – 31
  inspiração de Jesus e – 36
  perdão ao próximo e – 31
  remédios contra tentações e – 17
  visita da mulher pecadora e – 36

Pensamento
  lavagem do * nas fontes
    da Verdade – 8

Pensamento religioso
  subtração do * da experiência
    humana – 11

Pentecostes
  estabelecimento dos apóstolo
    em Jerusalém e – 36

Peregrino, um Espírito puro
  combate aos vícios e – 4
  entidade angélica e – 4
  guerra aos males e – 4
  ingresso no paraíso e – 4
  missão da virtude e – 4
  retorno à Terra e – 4
  trabalho no inferno e – 4

Pires, Joaquim
  cidade celestial e – 32
  desencarne de – 32
  paraíso das lesmas e – 32
  portas do céu e – 32
  repouso no paraíso – 32
  serviço após o sepulcro e – 32

Plano espiritual
  insurgência contra o – 20

Plano invisível *ver* Mundo espiritual

Porfírio, teimoso doutrinador
  Amélia, D., esposa de – 25
  Espíritos doentes e – 25
  incorporação de Espírito
    perturbado e – 25

Prece *ver* Oração

Prisca, Túlia
  Amiano, procurador, tio de – 19
  Druso, marido de – 19
  feiticeiro de Velabro e – 19
  Jesus e – 19
  Joana de Cusa e – 19
  Tissafernes, o mago de – 19

Promessas
  descumprimento das – 22

Purgatório
  Território de Sarre e – 20

Rafael
  casamento na esfera das
    almas e – 27
  consulta à consciência e – 27
  desencarne de – 27
  domicílio na vida extrafísica – 27
  Espírito sem corpo e – 27
  institutos de ensino no
    outro mundo e – 27
  jardins além-túmulo e – 27
  vida social no outro mundo e – 27

Reerguimento
  ação meritória da alma e – 16

Reino celeste
  armeiro de Fassur e – 37
  explicador dos textos de
    Ezequiel e – 37

fiscal das disposições do
    Levítico e – 37
    Jesus e – 37
Reino de Deus
    Gênio do Bem e – 38
    incorporação ao – 15
    Jesus e surgimento do – 1
    primeira obrigação do
        candidato ao – 31
Religião
    chama sublime e – 11
Religião reformada
    herança de meu Deus e – 6
    Juízo Final e – 6
Responsabilidade
    sepultura e exoneração da
        * individual – 20
Revelação espiritual
    laboratórios, gabinetes
        de pesquisa e – 8
Revelação Nova
    primeira página da – 50
Ricardo
    benfeitor do Além – 5
Rodolfo
    filho de Arlinda, D. – 29
Rogério,
    carioca desencarnado fila da
        reencarnação e – 2
Sacrifício
    verdadeira glória – 19
Satanás
    aparências do Mestre e – 7
    calúnia, perseguição, destruição
        do bem e – 7
    egoísmo, mentira e – 7
    longas e venenosas palestras e – 7
    maduros na habilidade humana e – 7
    maioridade terrestre e – 7
    menosprezo ao trabalho digno e – 7
    olvido à nudez dos semelhantes e – 7
    sarcasmo, ironia, crítica e – 7
    tirania e – 7
    vinganças oportunas e – 7
Selvagem
    primeiro * e ideia de Deus – 11
Serenidade
    preservação da – 16
Shakespeare
    definição do escritor
        desencarnado e – 11
Silva, Juvenal
    conclusões doutrinárias e – 41
    desencarnação de – 41
    individualismo excessivo e – 41
    pontos de vista de – 41
Sofrimento
    apelo à ascensão – 48
Solidariedade
    reino da * nas relações humanas – 1
Sono
    afastamento do corpo pela
        influência do – 22
Sucupira, Joaquim
    abandono do corpo e – 2
    aparência física de – 2
    desencarnação de – 2
    exame de benfeitor espiritual e – 2
    fila da reencarnação e – 2
    mãos enferrujadas e – 2
    mensageiros do Céu e – 2
    pavor ante os religiosos e – 2
    regiões inferiores e – 2
    religioso perfeito e – 2
    Rogério, carioca desencarnado, e – 2
    subida ao Céu e – 2

Índice geral

Talentos do Senhor
  primeiro servo e – 33
  segundo servo e – 33
  terceiro servo e – 33

Templo
  primeiro * consagrado à
    fé religiosa – 8

Templo de Jerusalém
  casa bendita da fé e – 15

Templo de Salomão
  Jesus e comércio no – 9

Tempo
  fixador da glória dos valores
    eternos – 16

Teofrasto, judeu grego
  informação de – 31
  vendedor de perfume – 31

Terra
  ateu e regresso à – 6
  companheiros recém-vindos da – 6
  limites da * e do Céu – 4
  missões salvadoras da – 5
  primeiro templo consagrado
    à fé religiosa na – 8
  retorno de Peregrino à – 4
  seres mais nobres da – 28

Território de Sarre
  purgatório e – 20

Tiago, filho de Zebedeu
  Jesus e – 15

narrativa do caso do ladrão
  confesso e – 35

Tissafernes
  aconselhamento de – 19
  mago de Túlia Prisca – 19

Trabalho
  remédio seguro contra tentações – 17

Vaidade
  verdugo sutil – 31

Vanguardeiros do progresso
  reunião dos – 22

Verdade
  lavagem do pensamento
    nas fontes da – 8

Vida humana
  altar da maternidade e – 11

Wilde, Oscar
  arte de dar conselhos e – 8

Zadias, liberto de Cesareia
  recriminações ao Imperador
    Tibério e – 31

Zaqueu
  Jesus e – 9

Zeconias
  falsas alegações de – 31

O EVANGELHO NO LAR

Quando o ensinamento do Mestre vibra entre quatro paredes de um templo doméstico, os pequeninos sacrifícios tecem a felicidade comum.[1]

Quando entendemos a importância do estudo do Evangelho de Jesus, como diretriz ao aprimoramento moral, compreendemos que o primeiro local para esse estudo e vivência de seus ensinos é o próprio lar.

É no reduto doméstico, assim como fazia Jesus, no lar que o acolhia, a casa de Pedro, que as primeiras lições do Evangelho devem ser lidas, sentidas e vivenciadas.

O espírita compreende que sua missão no mundo principia no reduto doméstico, em sua casa, por meio do estudo do Evangelho de Jesus no Lar.

Então, como fazer?

Converse com todos que residem com você sobre a importância desse estudo, para que, em família, possam compreender melhor os ensinamentos cristãos, a partir de um momento de união fraterna, que se desenvolverá de maneira harmônica e respeitosa. Explique que as reflexões conjuntas acerca do Evangelho permitirão manter o ambiente da casa espiritualmente saneado, por meio de sentimentos e pensamentos elevados, favorecendo a presença e a influência de Mensageiros do Bem; explique, também, que esse momento facilitará, em sua residência, a recepção do amparo espiritual, já que auxilia na manutenção de elevado padrão vibratório no ambiente e em cada um que ali vive.

Convide sua família, quem mora com você, para participar. Se mora sozinho, defina para você esse momento precioso de estudo e reflexões. Lembre-se de que, espiritualmente, sempre estamos acompanhados.

Escolha, na semana, um dia e horário em que todos possam estar presentes.

---

[1] XAVIER, Francisco Cândido. *Luz no lar*. Por Espíritos diversos. 12. ed. 7. imp. Brasília: FEB, 2018. Cap. 1.

O tempo médio para a realização do Evangelho no Lar costuma ser de trinta minutos.

As crianças são bem-vindas e, se houver visitantes em casa, eles também podem ser convidados a participar. Se não forem espíritas, apenas explique a eles a finalidade e importância daquele momento.

O seguinte roteiro pode ser utilizado como sugestão:

1. Preparação: leitura de mensagem breve, sem comentários;
2. Início: prece simples e espontânea;
3. Leitura: *O evangelho segundo o espiritismo* (um ou dois itens, por estudo, desde o prefácio);
4. Comentários: breves, com a participação dos presentes, evidenciando o ensino moral aplicado às situações do dia a dia;
5. Vibrações: pela fraternidade, paz e pelo equilíbrio entre os povos; pelos governantes; pela vivência do Evangelho de Jesus em todos os lares; pelo próprio lar...
6. Pedidos: por amigos, parentes, pessoas que estão necessitando de ajuda...
7. Encerramento: prece simples, sincera, agradecendo a Deus, a Jesus, aos amigos espirituais.

As seguintes obras podem ser utilizadas nesse momento tão especial:

- *O evangelho segundo o espiritismo*, como obra básica;
- *Caminho, verdade e vida; Pão nosso; Vinha de luz; Fonte viva; Agenda cristã.*

Esse momento no lar não se trata de reunião mediúnica e, portanto, qualquer ideia advinda pela via da intuição deve permanecer como comentário geral, a ser dito de maneira simples, no momento oportuno.

No estudo do Evangelho de Jesus no Lar, a fé e a perseverança são diretrizes ao aprimoramento moral de todos os envolvidos.

O LIVRO ESPÍRITA

CADA LIVRO EDIFICANTE é porta libertadora.

O livro espírita, entretanto, emancipa a alma nos fundamentos da vida.

O livro científico livra da incultura; o livro espírita livra da crueldade, para que os louros intelectuais não se desregrem na delinquência.

O livro filosófico livra do preconceito; o livro espírita livra da divagação delirante, a fim de que a elucidação não se converta em palavras inúteis.

O livro piedoso livra do desespero; o livro espírita livra da superstição, para que a fé não se abastarde em fanatismo.

O livro jurídico livra da injustiça; o livro espírita livra da parcialidade, a fim de que o direito não se faça instrumento da opressão.

O livro técnico livra da insipiência; o livro espírita livra da vaidade, para que a especialização não seja manejada em prejuízo dos outros.

O livro de agricultura livra do primitivismo; o livro espírita livra da ambição desvairada, a fim de que o trabalho da gleba não se envileça.

O livro de regras sociais livra da rudeza de trato; o livro espírita livra da irresponsabilidade que, muitas vezes, transfigura o lar em atormentado reduto de sofrimento.

O livro de consolo livra da aflição; o livro espírita livra do êxtase inerte, para que o reconforto não se acomode em preguiça.

O livro de informações livra do atraso; o livro espírita livra do tempo perdido, a fim de que a hora vazia não nos arraste à queda em dívidas escabrosas.

Amparemos o livro respeitável, que é luz de hoje; no entanto, auxiliemos e divulguemos, quanto nos seja possível, o livro espírita, que é luz de hoje, amanhã e sempre.

O livro nobre livra da ignorância, mas o livro espírita livra da ignorância e livra do mal.

EMMANUEL[1]

---

[1] Página recebida pelo médium Francisco Cândido Xavier, em reunião pública da Comunhão Espírita Cristã, na noite de 25 de fevereiro de 1963, em Uberaba (MG), e transcrita em *Reformador*, abr. 1963, p. 9.

LITERATURA ESPÍRITA

EM QUALQUER PARTE DO MUNDO, é comum encontrar pessoas que se interessem por assuntos como imortalidade, comunicação com Espíritos, vida após a morte e reencarnação. A crescente popularidade desses temas pode ser avaliada com o sucesso de vários filmes, seriados, novelas e peças teatrais que incluem em seus roteiros conceitos ligados à Espiritualidade e à alma.

Cada vez mais, a imprensa evidencia a literatura espírita, cujas obras impressionam até mesmo grandes veículos de comunicação devido ao seu grande número de vendas. O principal motivo pela busca dos filmes e livros do gênero é simples: o Espiritismo consegue responder, de forma clara, perguntas que pairam sobre a Humanidade desde o princípio dos tempos. Quem somos nós? De onde viemos? Para onde vamos?

A literatura espírita apresenta argumentos fundamentados na razão, que acabam atraindo leitores de todas as idades. Os textos são trabalhados com afinco, apresentam boas histórias e informações coerentes, pois se baseiam em fatos reais.

Os ensinamentos espíritas trazem a mensagem consoladora de que existe vida após a morte, e essa é uma das melhores notícias que podemos receber quando temos entes queridos que já não habitam mais a Terra. As conquistas e os aprendizados adquiridos em vida sempre farão parte do nosso futuro e prosseguirão de forma ininterrupta por toda a jornada pessoal de cada um.

Divulgar o Espiritismo por meio da literatura é a principal missão da FEB, que, há mais de cem anos, seleciona conteúdos doutrinários de qualidade para espalhar a palavra e o ideal do Cristo por todo o mundo, rumo ao caminho da felicidade e plenitude.

FEB editora
Livro espírita para um novo mundo
www.febeditora.com.br
@febeditoraoficial
@febeditora

Conselho Editorial:
Carlos Roberto Campetti
Cirne Ferreira de Araújo
Evandro Noleto Bezerra
Geraldo Campetti Sobrinho – Coord. Editorial
Jorge Godinho Barreto Nery – Presidente
Maria de Lourdes Pereira de Oliveira
Miriam Lúcia Herrera Masotti Dusi

Produção Editorial:
Elizabete de Jesus Moreira

Revisão:
Davi Miranda
Renata Alvetti

Capa e Projeto Gráfico:
Ingrid Saori Furuta

Diagramação:
Luisa Jannuzzi Fonseca

Foto de Capa:
http://www.istockphoto.com/IakovKalinin

Normalização Técnica:
Biblioteca de Obras Raras e Documentos Patrimoniais do Livro

Esta edição foi impressa no sistema de Impressão pequenas tiragens, em formato fechado de 140x210 mm e com mancha de 104x168 mm. Os papéis utilizados foram o Off white 80 g/m² para o miolo e o Cartão 250 g/m² para a capa. O texto principal foi composto em fonte Adobe Garamond Pro 12/14,4 e os títulos em Adobe Garamond Pro 28/26. Impresso no Brasil. *Presita in Brazilo.*